LETTRE

DE

M. LE COMTE DE CHAMBORD.

DISCOURS

DE

MM. DE FALLOUX ET BERRYER.

BORDEAUX,

IMPRIMERIE DE J. DUPUY ET COMP., RUE DE LA DEVISE, 42.

—

1851

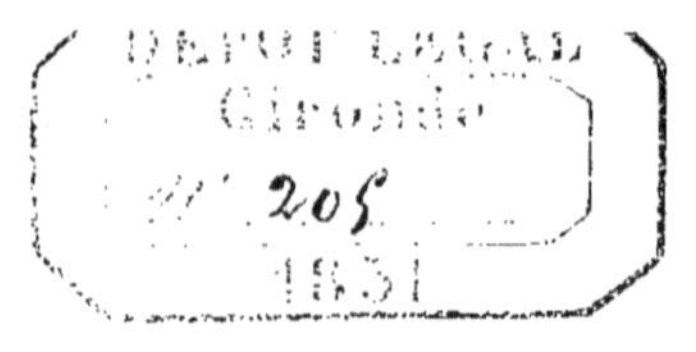

LETTRE

DE

M. LE COMTE DE CHAMBORD.

Venise, le 23 janvier 1851.

Mon cher Berryer,

J'achève à peine de lire le *Moniteur* du 17 janvier, et je ne veux pas perdre un instant pour vous témoigner toute ma satisfaction, toute ma reconnaissance pour l'admirable discours que vous avez prononcé dans la séance du 16. Vous le savez, quoique j'aie la douleur de voir quelquefois mes pensées et mes intentions dénaturées et méconnues, l'intérêt de la France qui pour moi passe avant tout, me condamne souvent à l'inaction et au silence, tant je crains de troubler son repos et d'ajouter aux difficultés et aux embarras de la situation actuelle ! Que je suis donc heureux que vous ayez si bien exprimé des sentiments qui sont les miens et qui s'accordent parfaitement avec le langage, avec la conduite que j'ai tenus dans tous les temps ! Vous vous en êtes souvenu ; c'est bien là cette politique de conciliation, d'union, de fusion qui est la mienne, et que vous avez si éloquemment

exposée ; politique qui met en oubli toutes les divisions, toutes les récriminations, toutes les oppositions passées, et veut pour tout le monde un avenir où tout honnête homme se sente, comme vous
l'avez très-bien dit, en possession de sa dignité personnelle.

Dépositaire du principe fondamental de la monarchie, je sais que cette monarchie ne répondrait
pas à tous les besoins de la France, si elle n'était
en harmonie avec son état social, ses mœurs, ses
intérêts, et si la France n'en reconnaissait et n'en
acceptait avec confiance la nécessité. Je respecte
mon pays autant que je l'aime ; j'honore sa civili-
sation et sa gloire contemporaine autant que la
tradition et le souvenir de son histoire. Les maxi-
mes qu'il a fortement à cœur et que vous avez rap-
pelées à la tribune, l'égalité devant la loi, la liberté
de conscience, le libre accès pour tous les mérites
à tous les emplois, à tous les avantages sociaux ;
tous ces grands principes d'une société éclairée et
chrétienne me sont chers et sacrés comme à vous,
comme à tous les Français. Donner à ces principes
toutes les garanties qui leur sont nécessaires, par
des institutions conformes aux vœux de la nation,
et fonder, d'accord avec elle, un gouvernement ré-
gulier et stable, en le plaçant sur la base de l'hérédité monarchique et sous la garde des libertés
publiques, à la fois fortement réglées et loyalement
respectées, tel serait l'unique but de mon ambition.
J'ose espérer qu'avec l'aide de tous les bons citoyens
de tous les membres de ma famille, je ne manque-
rais ni de courage ni de persévérance pour accom-
plir cette œuvre de restauration nationale, seul
moyen de rendre à la France ces longues perspec-
tives de l'avenir sans lesquelles le présent, même
tranquille, demeure inquiet et frappé de stérilité.

Après tant de vicissitudes et d'essais infructueux

la France, éclairée par sa propre expérience, saura, j'en ai la ferme confiance, reconnaître elle-même où sont ses meilleures destinées. Le jour où elle sera convaincue que le principe traditionnel et séculaire de l'hérédité monarchique est la plus sûre garantie de la stabilité de son gouvernement, du développement de ses libertés, elle trouvera en moi un Français dévoué, empressé de rallier autour de lui toutes les capacités, tous les talens, toutes les gloires, tous les hommes qui, par leurs services, ont mérité la reconnaissance du pays.

Je vous renouvelle encore, mon cher Berryer, tous mes remercîments, et vous demande de continuer, toutes les fois que l'occasion vous en sera offerte, à prendre la parole, comme vous venez de le faire avec tant de bonheur et tant d'à-propos. Faisons connaître de plus en plus à la France nos pensées, nos vœux, nos loyales intentions, et attendons avec confiance ce que Dieu lui inspirera pour le salut de notre commun avenir.

Comptez toujours, mon cher Berryer, sur ma sincère affection.

Signé HENRI.

(Extrait de la GUIENNE *du 22 février.)*

DISCOURS DE M. DE FALLOUX.

M. DE FALLOUX. (Mouvement d'attention.) Messieurs, au moment où j'ai commencé à réfléchir aux paroles que je vous apporte aujourd'hui, j'ai rencontré, dans une page de notre histoire, une pensée qui m'a profondément frappé. C'est sous son impression que j'ai continué à me préparer à aborder cette redoutable tribune qui n'a jamais été plus qu'aujourd'hui redoutable et pour personne plus que pour moi.

C'est aussi sous les auspices de cette pensée que je vous demande à placer tout d'abord mon langage : «

« Ne rien exposer au hasard de ce qui peut être assuré par la prudence. C'est toujours l'impatience de gagner qui nous fait perdre. L'espérance trompeuse fait mal parler et mal agir... Se garder de l'espérance, mauvais guide. »

C'est une pensée de Louis XIV. écrite de sa propre main dans ses mémoires (Mouvements divers et prolongés).

Je l'ai prise pour moi, messieurs, et je l'ai profondément méditée, mais je la répète pour tout le monde.

Soyez donc bien sûrs que ce n'est ni l'impatience, ni l'espérance, ni aucun sentiment personnel que vous puissiez supposer qui me presse de parler aujourd'hui. Bien loin de là, le rendez-vous solennel nous est donné, nous est imposé par la constitution. Il n'a été provoqué par aucun de nous, et il n'était pas même désiré.

Ce n'est donc, je le répète, aucun sentiment personnel, qui dicte mes paroles, aucun empressement.

Je me suis rappelé aussi qu'on disait autrefois : « Tout magistrat qui n'est pas un héros de probité n'est pas même un honnête homme.»

Eh bien ! je dis aujourd'hui, dans cette circonstance solennelle, tout représentant qui n'est pas un héros de désintéressement, d'abnégation, de patriotisme, n'est pas un honnête homme. (Vive approbation sur les bancs de la droite.— Sensation.!

C'est sous cette réprobation solennelle, c'est sous cette malédiction que je place d'avance mes paroles, si elles ont une autre inspiration. (Nouvelle approbation à droite.)

Maintenant j'aborde devant vous, comme je l'ai abordée vis-à-vis de moi-même, ce que je considère comme la première question : Avons-nous le droit de révision? Dans quelle mesure devons-nous l'exercer? Ce droit de révision, je comprends que personne ne nous le conteste dans le sens strict et constitutionnel du mot. Mais on nous le conteste moralement, on nous dit : Vous avez porté une atteinte quelconque au suffrage universel; tant que cette atteinte existe, vous ne pouvez pas moralement reviser la constitution.

Je prends en extrême considération cette difficulté parce qu'elle s'adresse à l'honneur de tout le monde; mais seulement pour moi, c'est l'assertion contraire qui est vraie.

On nous dit : Retirez la loi du 31 mai , nous vous accorderons la révision. Moi, je dis : la seule manière de retirer la loi du 31 mai, c'est d'avoir la révision. Ce n'est que par la révision, après la révision qu'on peut retirer la loi du 31 mai (Sourires ironiques à gauche).

M. VERGERON. Il n'y a pas de quoi rire.

M. DE FALLOUX. Sous l'empire de quelle idée a été présentée et votée la loi du 31 mai?

Non pas sous l'idée que ce fût la meilleure loi possible, que ce fût une loi qui ne rencontrait pas d'objection et qui n'avait pas d'inconvénient. On jugea que c'était la seule loi possible avec les entraves qu'impose la constitution actuelle, entraves qui sont telles qu'il n'y a pas une seule organisation du suffrage universel possible avec la Constitution actuelle.

Voilà la pensée-mère, l'unique pensée de la loi du 31 mai.

Les entraves imposées par la Constitution ont fait du suffrage universel, non pas selon mon dire à moi, mais selon le dire de quelqu'un dont vous ne récuserez pas l'autorité, de M. de Lamartine qui s'est associé à la promulgation de la loi du suffrage universel par le gouvernement provisoire.

Eh bien! ces entraves sont telles que c'est une pure loterie, une loterie qui livre le suffrage universel au hasard, aux cabales, aux intrigans, aux factieux et aux idiots (Mouvement.)

Voilà les expressions amoindries ; car on amoindrit toujours M. de Lamartine quand on ne le cite pas textuellement; voilà les expressions dont il se sert dans un livre publié par lui avant la loi du 31 mai, et intitulé solennellement *le présent, le passé, l'avenir.*

Voilà dans quels termes il parle du suffrage universel tel qu'il est organisé dans les conditions de la constitution, et il ajoute : Le suffrage universel ainsi organisé ce n'est qu'une idée, ce n'est qu'un principe ; de jour en jour il attend son organisation. Cette organisation, on a essayé de la faire dans la loi du 31 mai, mais on l'a faite très-incomplètement, j'en conviens plus que personne. J'entrerai dans les détails quand nous discuterons la loi électorale, et j'y interviendrai pour favoriser les modifications que la justice et l'équité peuvent réclamer. Mais il n'en est pas moins vrai que la loi du 31 mai ne peut être modifiée fondamentalement, que quand la constitution ayant disparu, nous reprendrons toute latitude.

L'objection morale, je ne puis donc pas l'accepter, et je la renvoie retournée à nos adversaires. Mais il y en a une autre de même ordre qui m'aurait touché plus profondément encore. Eh bien, oui, si, contre toute raison, nous cédions aux exigences de cette constitution qui place le suffrage universel dans des conditions si sévèrement caractérisées par ses amis les plus irrécusables ; si nous cédions à cette sorte de défi ; si nous abrogions la loi du 31 mai, qu'est-ce que nous aurions gagné, messieurs ? Rien. Nous aurions désarmé la société, nous n'aurions pas conquis à l'ordre, nous n'aurions pas enlevé aux chances de la guerre civile un seul argument ni un seul partisan.

Le suffrage universel n'a jamais été défendu que par nous ; il n'a jamais lié que nous, il ne lie encore que nous. De ce côté (la gauche), il n'a jamais lié personne depuis trois ans ; il ne lierait pas davantage à l'avenir.

Assurément, si le suffrage universel devait préserver à tout jamais cette société épuisée des épuisements nouveaux de la guerre civile, il n'y a pas de sacrifice qu'on ne dût faire à cette pensée ; il n'y a pas un sacrifice que, pour mon compte, je me crusse le droit de refuser. Mais remarquez que le suffrage universel a été en toute circonstance attaqué par le côté qui s'en prévaut aujourd'hui pour nous lier ; il était attaqué avant la réunion de la constituante ; il a été attaqué dans cette enceinte le 15 mai ; il a été attaqué le 23 juin, il a été attaqué le 13 juin. (Mouvement.)

Enfin, ce n'est pas assez de l'avoir attaqué en fait, on l'attaque doctrinalement, on l'attaque fondamentalement aujourd'hui. M. de Girardin, qui défend maintenant la thèse qui malheureusement pour moi n'est pas la mienne vis-à-vis de lui, M. de Girardin a vu échouer son élection, à Paris, parce qu'il a refusé de mettre la République au-dessus du suffrage universel, et l'honorable général Cavaignac professera, je crois, à cette tribune, comme il l'a professé dans la commission...

M. LE GÉNÉRAL CAVAIGNAC. Je demande la parole.

M. de Falloux... Que le suffrage universel est inférieur

à l'idée fondamentale et primitive de la République.

Lors donc que le suffrage universel ne lie que d'un côté, lors donc qu'il ne lie ni en fait ni en doctrine ceux qui le réclament de la façon la plus impérieuse, je dis que nous sommes libres, non-seulement constitutionnellement, personne ne le conteste, mais moralement, ce qui, pour moi, est aussi nécessaire que d'être libres constitutionnellement, nous sommes libres, nous pouvons reviser.

Dans quelle mesure devons-nous reviser? Sera-ce la révision partielle? sera-ce la révision totale? (Chuchotements. — Ecoutez! écoutez!)

Si la révision partielle suffisait aux besoins et aux exigences de mon pays, j'y consentirais aussitôt et immédiatement ; mais, selon moi, la révision partielle ne peut produire qu'une chose, une illusion et la plus fatale des illusions. Je ne puis donc consentir qu'à la révision totale.

Cependant il y a pour la révision partielle, quelque formellement que je me prononce contre elle, il y a deux arguments qui m'ont touché.

Avec la révision partielle, on gagnera du temps et on refera de l'autorité.

Ah ! gagner du temps pour un pays qui souffre , pour un pays qui, dans certaines conditions, est profondément découragé, pour un pays qui ne demande que le repos, oui, gagner du temps, c'est un grand argument , et le rejeter, c'est une grande témérité , un grand prétexte pour les reproches; mais gagner du temps , est-ce toujours gagner quelque chose.

Je demande que la réponse soit faite par quelqu'un qui a une toute autre autorité que la mienne, par l'honorable président de la commission, par M. de Broglie.

Voici la force que j'ai trouvée vis-à-vis de moi-même, si j'avais hésité, voici la force que j'ai trouvée dans un rapport de M. de Broglie à la chambre des pairs :

« Attendre est sage à la condition d'attendre quelque chose; mais attendre pour attendre, par pure insouciance ou par pure irrésolution, faute d'avoir assez de bon sens pour se décider et assez de courage pour se mettre à l'œuvre; attendre ainsi c'est le pire de tous les partis et le plus certain de tous les dangers. » (Mouvement.)

Voilà, messieurs, non pas ce qui a pour moi fait naître ma résolution, mais ce qui l'a rendue irréfutable.

L'autre argument est celui-ci : On refera de l'autorité.

Ah ! mais oui , c'est aussi une bien noble et une bien grande chose que de refaire de l'autorité; cela est certainement une chose bien nécessaire, et jamais, jamais, ce n'est moi, et j'espère que ce ne seront jamais mes amis qui s'y opposeront. Mais comment refait-on de l'autorité ? Je me suis bien souvent , bien profondément attaché à ce problême ; et pour moi il se résout par deux axiômes qui ne sont qu'une même pensée.

Voici ce que je dis : on ne donne pas à la liberté tout ce que l'on donne à la République, on ne donne pas à l'autorité tout ce que l'on donne au Gouvernement. Ce sont des choses très distinctes. Eh ! mon Dieu, on ne donne pas à la liberté tout ce que l'on donne à la République ; nous le voyons; nous l'avons vu dans ce pays par les deux épreuves que nous en avons faites.

Je n'insisterai pas.... J'ai trop présent à l'esprit le conseil , le sage conseil de M. le président ; mais , qu'on me permette de le dire , on ne fait pas de la république avec des circulaires ; on ne fait pas de la république avec des commissaires ; on fait de la république avec des mœurs, avec des institutions , avec une situation géographique républicaine ; on ne fait de la république qu'avec des vertus républicaines. On fait de la république comme cela, ou l'on n'en fait pas , ou l'on en fait une détestable et pitoyable contrefaçon. (A droite. — Très-bien! très-bien!)

M. BURGARD. Ah ! très-bien ! (Exclamations et rires à droite.)

M. DE FALLOUX. Messieurs, ce que je viens de dire de la République, avec une respectueuse franchise, je demande la permission de l'appliquer de même au gouvernement.

Ah ! on ne fait pas de l'autorité avec du gouvernement, avec de l'administration toute seule. On ne fait pas de l'autorité avec de la compression ou de la prospérité matérielle seulement. On ne fait de l'autorité et de l'ordre qu'avec les conditions véritables de l'ordre et de l'autorité, avec les mœurs , avec les institutions, avec les principes, les hommes, les vertus de l'autorité.

On ne fait de l'autorité que comme cela ; autrement on peut faire du gouvernement ; on peut le faire avec habileté, avec utilité ; on peut s'acquérir de grands titres à la reconnaissance d'un pays ; mais tout cela est précaire et passager ; tout cela ne peut durer qu'autant que durent quelques nécessités, quelques circonstances impérieuses. Ce n'est pas de l'ordre, ce n'est pas de l'autorité.

Et voulez-vous me permettre d'en prendre la preuve dans ce qui nous arrive à nous-mêmes? Il y a quelques départements en France où l'on fait ce qu'on appelle de l'ordre, de l'autorité plus que partout ailleurs; ce sont les départements en état de siége. Et je me hâte d'ajouter que je suis bien loin, en disant cela, de vouloir porter la moindre atteinte morale à l'état de siége. (Rumeurs à gauche.)

Je commettrais un acte de lâcheté si je ne disais pas ce que je vais dire. J'appartiens à la majorité qui a voté l'état de siége, qui en a voté le renouvellement, ou du moins le maintien dans quelques circonstances récentes; je le veux encore; si c'était à refaire, je le ferais encore; je crois avoir bien fait en le faisant, je crois que le gouvernement et la majorité n'ont lieu n'y de s'en repentir, ni d'en rougir. Mais il faut enfin, examiner les choses commes elles sont.

Quand nous faisons du gouvernement avec l'état de siège, croyez-vous que nous faisons de l'ordre, de l'autorité? Non; nous faisons un acte d'impérieuse nécessité. Eh bien! dans les départemens en état de siège , l'ordre et l'autorité se rétablissent-ils plus que dans les autres départements ? Non; l'état de siége est là pour empêcher de grandes secousses locales , de grands désordres matériels et physiques; mais l'ordre moral ne s'y refait pas; non, nous le savons très-bien; nous serions très-aveugles et très-coupables si nous nous faisions illusion à cet égard.

Eh bien. multipliez la même idée en grand, appliquez-la à toute la France, vous arriverez au même résultat, vous arriverez à une compression qui peut être nécessaire, salutaire; vous n'aurez rien fondé... vous n'aurez rien fondé. (Mouvement.)

La prospérité matérielle elle-même dans ces départements, elle est revenue ; l'ordre moral n'y est pas rentré ; et une des choses qui me frappent le plus , c'est que ce sont, dans certaines localités , les ouvriers même qui gagnent le plus qui sont les plus dévoués aux doctrines que nous ne craignons pas de caractériser d'anarchiques.

Ainsi, ce n'est pas seulement la compression qui ramène l'ordre ; ce n'est pas non plus seulement la misère qui fait les factieux ; non : c'est la doctrine , c'est le spectacle politique qu'on a sous les yeux ; c'est l'enseignement qu'on entend de tous les faits et de toutes les choses qui se passent au sommet du pays, et qu'on a sans cesse sous les yeux...

M. LE GÉNÉRAL FABVIER. Et les mauvais exemples'

M. DE FALLOUX, Oui, ce sont les exemples. Si c'était seulement les hommes dont la vie matérielle et la condition sont très-misérables, qu'on parvient à égarer en aigrissant leur misère , je concevrais l'argument : la compression ramènera la sécurité ; la sécurité ramènera l'abondance , et l'abondance ramènera l'ordre dans les esprits.

Si l'on pouvait se rattacher à ces espérances, je ne résisterais pas.

Mais ce sont les ouvriers qui gagnent 8, 10 fr. par jour, qui sont, qu'on me permette cette expression, plus communistes et socialistes que ceux qui ne gagnent que vingt sous.

Pourquoi? parce qu'ils s'occupent des conditions politiques du Gouvernement, de la constitution politique de leur pays; parce qu'ils se disent : Nous sommes en état de siége aujourd'hui ; mais, après tout, nous sommes en république, nous sommes dans une organisation politique où telle et telle doctrine qui domine peut nous assurer telle ou telle espérance; ne nous décourageons pas, continuons, serrons nos rangs, étendons notre prosélytisme, multiplions notre propagande.

Et, bien loin de les décourager, vous leur donnez une arme dont ils ne se dessaisiront jamais. Ainsi gagner du temps ce n'est rien, c'est traiter le mal par des palliatifs, par des expédiens; c'est jeter dessus un voile qui empêche de le sonder dans toute sa profondeur, et qui vous ferait tomber dans le piège au moment où vous auriez les yeux fermés. (Approbation à droite. — Mouvement prolongé.)

Reviser peu, faire une révision partielle, ce n'est rien faire, c'est faire pis que rien, c'est produire une illusion funeste.

Mais reviser beaucoup, reviser tout, c'est aller bien loin, c'est un autre inconvénient, c'est aller à la monarchie : ah ! oui, j'en conviens.

Et l'on ajoute : « Le pays n'est pas mûr pour la monarchie.

Ah ! le pays n'est pas mûr pour la monarchie! c'est possible; je n'en sais rien; mais c'est bizarre; il y a deux ans à peine, j'entendais à cette tribune les républicains les plus compétents nous déclarer que la France n'était pas mûre pour la république.

Est-il donc possible que notre pays ne soit mûr ni pour la république ni pour la monarchie ? Lui fait-on cette injure de croire et de dire qu'il ne peut supporter qu'un régime bâtard, que des institutions qui se démentent elles-mêmes et qui ne reposent sur aucun principe fixe, fondamental, historique et hautement avoué? Osera-t-on parler et dire cela de la France à cette tribune? Je ne le crois pas. (Mouvement.)

La France sait où est son mal, elle sait où est sa souffrance, elle sait son histoire, elle sait son passé : elle sait donc pourquoi elle n'est pas mûre, elle sait si elle veut la République ou si elle veut la monarchie ; à coup sûr elle sait ce qu'elle veut, ce qu'il lui faut; et quand on en parle comme d'un enfant, comme d'un pupille mineur dont on prévient ou dont on évite ainsi de faire la volonté, on lui adresse un injure que, pour mon compte, je repousse du plus profond de ma conscience et de mon patriotisme. (A droite : Très-bien !)

Ce qu'on veut dire, messieurs, car enfin ce mot a tellement cours qu'il faut bien qu'il repose sur quelque chose, ce qu'on veut dire quand on dit que la France n'est pas mûre pour la monarchie, c'est ceci : On veut dire que les hommes politiques ne sont pas mûrs pour la concorde. Cela est vrai, c'est malheureusement trop vrai; mais si nous attendons que cette maturité soit venue pour procéder au remède, nous attendrons trop longtemps. Il y a là un cercle vicieux dont le pays seul a le droit et l'autorité pour nous faire sortir.

Ainsi donc, ces objections ne 'm'ont pas arrêté : je n'ai voulu écouter ni la peur ni l'irrésolution; l'une et l'autre tiennent un langage auquel je ne crois pas : la peur crie au *spectre rouge!* elle réclame les douceurs et les splendeurs du bas empire. Eh bien, le spectre rouge, il existe, et je vais vous dire ce que j'en pense. Il existe, il marche; il marche malgré l'état de siége, il marche malgré une administration habile et bien intentionnée; oui, et je m'enquiers souvent de sa marche; mais quand je veux en avoir des nouvelles, ce n'est pas de ce côté (le côté gauche) que je regarde, c'est de celui-ci (le côté droit). Tant valent nos divisions, tant valent ses chances; il n'en a pas d'autres.

Voix nombreuses à droite.—C'est vrai ! c'est vrai !

M. DE FALLOUX. Tant valent les parts que nous faisons à nos vieux ressentimens, à nos récriminations, à nos amertumes personnelles, tant vaut tout cela, tant vaut son avenir... (C'est cela !) C'est nous qui le faisons; c'est de ce côté (le côté droit) qu'il faut regarder quand on veut voir ce qui se passe ici.

Quand ici nous arriverons, sous la pression, sous le mandat du pays, à nous regarder tous les uns les autres, et à voir si nous voulons obéir ou à nos pensées personnelles ou à notre patriotisme, ce jour-là ce sera le patriotisme qui l'aura emporté; quand nos mains et nos cœurs se seront confondus, ce jour-là nous nous retournerons vers le spectre rouge, il aura disparu. (A droite. Très-bien! trèsbien! — Mouvement contenu à gauche. — Quelques voix de ce côté. Chut! chut! silence!)

Messieurs, je n'accorde pas davantage au langage de l'irrésolution. Elle s'est emparée d'une parole très-célèbre appartenant à un des plus illustres membres de la majorité; elle s'en est emparée et l'a conduite, je crois, beaucoup plus loin que l'intention de son auteur.

On dit : « la République est le terrain qui nous divise le moins, par conséquent, demeurons-y. »

L'honorable M. Thiers sait à quel point je professe pour lui la reconnaissance personnelle. Aucun homme politique ne m'a accueilli, au début de ma carrière, avec une bienveillance plus indulgente que lui, et personne, parmi ceux qu'il a encouragés dans sa vie, n'en a été et n'en demeurera toujours plus reconnaissant que moi. J'ai donc besoin, pour ma satisfaction personnelle, en m'attaquant à cette pensée, de m'attaquer bien plus à ceux qui s'en sont fait une arme pour la perpétuité indéfinie de la République qu'à lui-même.

Eh bien, cette pensée : « la République est le régime qui nous divise le moins, » pour moi, telle qu'elle a été commentée et acceptée par le public, elle est fausse. La République, ce n'est pas le régime qui nous divise le moins, c'est le régime qui nous permet de demeurer divisés, c'est bien différent. (Sourires d'approbation sur un grand nombre de bancs); c'est le régime qui nous permet de rester divisés les uns vis-à-vis des autres loyalement, honorablement, commodément ; commodément aujourd'hui, demain peut-être non. (Légère agitation.)

Eh bien, c'est là un avantage dont nous avons joui trois ans ; c'est assez n'en abusons pas. (Nouvelle approbation à droite.)

Ce régime, qui nous divise le moins, c'est celui qui ruine la France, c'est celui qui annule toutes ses forces, c'est celui qui condamne le grand parti de l'ordre à encourir la responsabilité d'une radicale et invincible impuissance, c'est le régime qui condamne notre pays non-seulement à l'immobilité, mais à la léthargie, à cette sorte d'état dans lequel on conserve encore assez de perception pour voir que l'on creuse votre fosse et que l'on coud votre linceul, mais pas assez pour pousser le cri ou faire le mouvement qui vous sauverait.

Voilà l'état que nous devons au régime qui nous divise le moins.

Eh bien, cet état ne peut pas durer pour un peuple sans devenir mortel ; c'est la léthargie. Et, on le sait, pour la léthargie il faut le réveil ou la mort. (Mouvement.)

Ainsi donc il faut nous mettre franchement et courageusement à l'œuvre ; il faut nous y mettre en sondant le mal dans toute sa profondeur, et en cherchant à appliquer, non pas un palliatif, mais un remède à ce mal.

Et pour sonder ce mal, pour chercher ce remède, demandons-nous bien si nous sommes assis solidement autour d'une table rase, pouvant faire en paix et en sécurité notre œuvre, ou si nous ne sommes pas plutôt sur un plan incliné, glissant d'heure en heure, suspendus de toute la force de nos muscles au-dessus d'un abîme, tour de force que les nations ne peuvent faire indéfiniment, pas plus que les individus.

Eh bien, nous ne sommes pas aujourd'hui assis sur un roc solide pour y établir les fondemens des temps anciens ou des temps nouveaux; nous sommes sur le plan incliné ; et si vous voulez savoir combien nous avons glissé , si vous voulez savoir le chemin que nous avons fait sur cette pente rapide, eh bien, prenons des dates; faisons, en bien peu de mots, une revue par époque, par faits, par idées.

Ainsi, par exemple, prenons comme fait, la garnison de Paris en 1815, en 1830, en 1848; cela répond aux précautions de l'ordre matériel qui préoccupe beaucoup de gens , et moi tout le premier.

En 1814, en 1815, les plus formidables évènements s'accomplissent, personne ne sait s'il y a une garnison de Paris. En 1830, d'énormes évènements s'accomplissent , il y avait à Paris une garnison de huit à dix mille hommes. En 1848, d'énormes évènemens s'accomplissent encore , il y avait une garnison de quarante, de cinquante mille hommes. Et aujourd'hui, après deux ans de Répulique, on ne dit plus la garnison de Paris , on dit l'armée de Paris , et on compte par soixante et quatre-vingts mille hommes.

Voilà, pour les faits, les degrès descendus sur le plan incliné.

Maintenant, voyons pour les idées.

En 1814 et en 1815, personne n'entend parler d'une théorie sociale, d'une théorie républicaine, d'une théorie politique quelconque ; chacun ne se préoccupe que de savoir où sera placé le gouvernement. En 1830, au bout de quinze ans, les républicains se montrent, les républicains sont en état d'être comptés et d'être écartés, et en 1848 les républicains l'emportent; les socialistes se montrent derrière les républicains.

En 1830, les clubs s'ouvrent; une patrouille de la garde nationale vient à passer, les clubs sont fermés. En 1848, les clubs couvrent la France, et, à l'heure qu'il est, ils ne sont que temporairement interdits. En 1830, les saints-simoniens ouvrent une école, une chaire, une tribune; Paris y va ; on y va, j'en demande pardon à ceux que ces souvenirs pourraient blesser, on y va par curiosité, par partie de plaisir, et, au bout de quelque temps, que reste-t-il des saints-simoniens ? Quelques-hommes, toujours de beaucoup d'esprit, entrant dans les journaux conservateurs, entrant dans l'administration , entrant dans l'armée, et quelques-uns , très-peu, se retrouvent encore aujourd'hui, et n'en portant plus le nom, dans cette Assemblée.

Voilà tout le mouvement intellectuel et radical de 1830.

En 1848, ce ne sont plus seulement les délassements ou les distractions de la capitale qui conduisent aux clubs socialistes, communistes, tous mots que je ne répète à cette tribune qu'avec une grande affliction; ce n'est plus une faction; c'est, dit-on, l'avenir tout entier du pays.

Voilà le progrès dans les faits, voilà le progrès dans les idées, voilà la pente sur laquelle on vient nous dire : nous sommes bien ici, plantons-y une tente et jetons-y des fondements pour une œuvre solide ou pour une œuvre transitoire.

Eh bien, ces faits si effrayants pour moi, ces faits que je n'ai creusés et que je ne vous présente ici que très-sommairement, en glissant, et avec une profonde douleur, ces faits, comment s'expliquent-ils? Selon moi, par une théorie très-simple : c'est que, successivement, chacune des vraies forces du pays , chacune des vraies puissances de l'ordre dans ce pays a voulu successivement et isolément se charger du pays à elle toute seule.

En 1830, les royalistes (je juge leurs fautes, je vous prie de le croire, avec autant d'impartialité que qui que ce soit dans cette enceinte), les royalistes étaient arrivés à cette situation de vouloir gouverner le pays à eux tout seuls ; ils ont succombé.

Les libéraux , qui étaient la grande force morale, la grande force politique de ce moment-là , ont dit : Nous écarterons bien les républicains; nous nous faisons forts de la République et des républicains ; nous gouvernerons le pays à nous tout seuls. Ils l'ont gouverné, et tout le monde sait que ni le talent , ni l'autorité , ni le succès ne leur ont manqué, et ils ont succombé.

En 1848, les républicains ont dit à leur tour, ce que les libéraux avaient dit en 1830, ils ont dit : « Nous nous faisons forts du socialisme et du communisme ; ne craignez rien; nous républicains, qui ne sommes ni les anciens hommes monarchiques de 1815, ni les anciens libéraux de 1830, nous nous chargeons de gouverner le pays; soyez tranquilles, le socialisme et le communisme, ce n'est rien. » Combien cela a-t-il duré? Vous le savez : deux mois, trois mois... les républicains ont disparu.

Le socialisme, le communisme ne les ont pas remplacés immédiatement, cela est vrai, et il est venu à la traverse, il est venu inopinément le régime actuel. Mon Dieu , je le caractériserai par un mot, parce que c'est un mot court, parce que c'est le mot qui dispense de beaucoup de périphrases; mais j'espère que personne ne croira que j'emploie ce mot dans l'acception dont les partis et dont les factions ont

l'habitude de s'en servir : il est venu ce qu'on appelle l'ère
bonapartiste, le gouvernement d'un prince, le gouvernement
qui pouvait s'appuyer sur le grand nom de Napoléon , et
aujourd'hui on pourrait voir poindre à l'horizon la même
pensée qui a tout perdu depuis quarante ans ; c'est cette
pensée que j'appellerais dans ce moment' le bonapartisme,
qui dirait elle aussi : « Ne craignez rien; moi. je réponds
du pays sans les socialistes, sans les républicains , sans les
libéraux, sans les monarchistes.

Hélas ! vous avez vu tout ce que ces épreuves ont fait
perdre à la France, elles l'ont fait descendre, de plus en
plus en l'abîme. Eh bien ! il appartiendra à cette témérité ,
à cette folie d'être la derniere de nos étapes; ce serait le
bonapartisme ainsi entendu , ainsi compris qui achèverait
la décadence et la ruine de notre pays. (Approbation sur
divers bancs de la majorité.)

Voilà comment nous avons marché depuis quarante ans,
voilà dans quelle voie nous avons marché depuis quarante
ans, et voilà pourquoi nous en sommes arrivés où nous en
sommes.

Ne vous étonnez donc pas si je ne demande le remède au
mal que je comprends ainsi ni à celui-ci ni à celui-là, ni à
la réforme de cet article-ci ni à la réforme de cet article-là:
le remède , je le demande à une révision aussi complète et
aussi radicale que possible , je le demande à une substitu-
tion du principe de la monarchie au principe de la République (Sensation.— Agitation sur plusieurs bancs).

Voix diverses,— Très-bien ! — C'est clair !

M. DE FALLOUX. Voilà ce que je veux pour les faits.
Quant aux hommes, ne vous étonnez pas non plus si je ne
demande pas le remède ni à mes amis les royalistes tout
seuls, ni à mes amis les libéraux tout seuls, ni aux républicains, ni aux bonapartistes; ne vous étonnez pas que, com-
prenant ainsi le mal, je ne demande le remède ni aux uns
ni aux autres isolément; je le leur demande à tous. (Approbation à droite), je le leur demande à tous en commun, à
tous ensemble, à tous indivisiblement.

Nous avons été perdus les uns par les autres; nous avons,
les uns et les autres, contribué à perdre notre pays, ou du
moins à le compromettre énormément, à le conduire à cette
situation où l'on délibère de sa vie et de sa mort; tous nous
l'avons conduit là. Ne faisons pas les parts; ne les recher-
chons pas; ayons chacun vis-à-vis de nous-mêmes, vis-à-
vis de notre conscience, le sentiment de notre erreur, de
notre méprise, quelque généreuse qu'elle ait été; ne com-
prenons que ce sentiment, n'obéissons qu'à ce sentiment :
il n'y a que celui-là qui peut nous sauver et qui peut sauver

la France. Quant à moi, je n'en connais pas d'autre, je n'en cherche pas d'autre, je ne m'occupe d'aucun autre. (Nouvelle approbation sur divers bancs de la droite.—Interruption prolongée.)

Messieurs, je n'abuserai pas plus longtemps de l'indulgence de l'Assemblée. (Non! non! — Parlez!)

L'état de notre pays ainsi envisagé, ainsi consciencieusement étudié, suffirait, selon moi, pour déterminer un vote, le vote immédiat, le vote presque unanime de la rèvision totale.

Cependant, il y a encore tout un ordre de considérations qu'il faudrait également faire valoir... (je l'aurais voulu, je l'aurais essayé, mais l'état de mes forces s'y oppose absolument) : c'est de se retourner, c'est de regarder notre pays au delà de la frontière et d'envisager l'Etat de l'Europe.

Un mot seulement et à la hâte.

Pour la France, ce qui la touche dans son intérêt, dans sa vie propre, ce n'est pour ainsi dire rien, quand on songe à son influence et à son action dans le monde. La France a toujours vécu comme les hommes d'intelligence et de cœur: elle a bien plus vécu pour le dehors que pour le dedans; elle a bien plus vécu par son action que par son égoïsme.

Eh bien, si j'avais pu (mais j'y renonce, bien malgré moi) vous montrer à quel point le travail qui s'est fait en Europe contre nous est parallèle à ce travail de décadence qui s'est fait chez nous, vous verriez que si la France ne veut pas subir encore plus de misère par le dehors, qu'elle n'en subit par le dedans, il est temps pour elle d'aviser. Vous allez voir comment je comprends ce péril et que notre fierté nationale ne peut en rien se sentir blessée. (Mouvement à gauche.)

Permettez-moi même d'aller tout de suite au devant d'une objection, qui n'est absolument manifestée par personne, car je ne puis assez remercier ceux dont je blesse les opinions de la tolérance qu'ils ont bien voulu m'accorder; permettez-moi, dis-je, d'aller au devant d'une objection qui, je le répète, n'est faite par personne, mais que je sais dans la pensée de quelques-uns de mes honorables collègues.

On dit : On veut toujours accuser la révolution; c'est un réquisitoire contre la révolution tout entière; on va maintenant nous dire ce que la révolution nous a fait perdre et fait gagner à l'Europe.

Oui, c'est ce que je vais dire; mais, d'abord, permettez-moi de vous déclarer que quand je dis, à ce point de vue, « la révolution » je ne veux pas parler de ce que l'on entend injustement, mais enfin de ce que l'on entend habi-

tuellement, par ce mot consacré : « les conquêtes de 89. »
Permettez-moi de vous dire que personne de sensé, depuis
soixante ans, n'entend rien contester de ce que la révolution a pu produire dans le sens des grandes garanties, des
grandes conquêtes pour la véritable liberté.

Dès le commencement, dès 90, dès 91, la femme d'un
émigré entrait à Vienne chez le prince de Kaunitz qui gou-
vernait alors l'Autriche, et elle lui disait : « Prince, pour-
riez-vous me dire si je rentrerai bientôt en France ? Est-ce
que la révolution française durera encore longtemps ? Le
prince de Kaunitz lui répondit avec un profond soupir (à
lui, c'était bien permis) : « Ah, madame, la révolution
française durera longtemps, peut-être toujours. »

Eh bien! nous, messieurs, nous avons effacé le *peut-être.*
La révolution française durera toujours; la révolution française comprise dans ses grandes conquêtes, celles que l'habitude historique, que le langage vulgaire appelle les conquêtes de 89, la révolution française qui remonte plus loin,
mais sur l'origine de laquelle il est inutile de discuter en ce
moment, la révolution française est acquise, inaliénable,
impérissable. Rapportez-vous en au bon sens, au plus vulgaire bon sens de ceux qui vous parlent, à quelque rang
qu'ils appartiennent, pour savoir que personne n'apportera
ici de réquisitoire contre la partie saine, contre la partie
morale, libérale, contre la partie invincible de la révolution
française. (Très-bien! très-bien!)

Croyez qu'aujourd'hui, en 1851, il n'y a personne qui ne
soit aussi avancé que l'était le prince de Kaunitz à Vienne
en 1790.

Mais, cette explication donnée, pour reprendre toute ma
liberté d'examen, permettez-moi de vous dire qu'au point
de vue matériel, politique, la révolution n'a pas cessé de
faire perdre à la France et de faire gagner à l'Europe. En
quelques mots, ce qu'il y a de moins passionné au monde,
la statistique, vous mettra en un instant sous les yeux ce
que je crois qu'il est important que vous envisagiez.

Voici le résumé des populations des cinq grandes puissances de l'Europe en 1789 et en 1848.

En 1789, la France avait 27 millions d'habitans; en 1848,
elle en a 35 millions.

La Prusse avait 6 millions; en 1848, elle en a 16.

L'Angleterre avait 14 millions; en 1848, elle en a 29.

L'Autriche avait 28 millions; en 1848, elle en a 39.

La Russie avait 33 millions; en 1848, elle en a 70. (Mouvement.)

La France, pour ne prendre que les deux points extrê-
mes de 1789 à 1848, la France a gagné 8 millions d'habi-

tants ; de 1789 à 1848 , la Russie a monté de 33 millions à 70.

Cela vous explique la situation de l'Europe vis-à-vis de chacune de nos révolutions ; cette situation est une profonde anxiété et une double délibération entre deux intérêts contraires. Au point de vue monarchique , l'Europe est profondément émue , profondément alarmée ; il n'y a pas de révolution qui n'ait son écho dans toutes les capitales et dans la même proportion que je viens de faire voir; de 1814 à 1848, les faits parlent. L'Europe est donc profondément émue, au point de vue monarchique ; mais , au point de vue de la jalousie et de la concurrence nationales, elle est profondément satisfaite.

Ce qui fait que les cabinets vont d'hésitation en hésitation, et de fluctuation en fluctuation depuis quarante ans , c'est qu'il y a toujours le sentiment monarchique qui dit : sois affligée et le sentiment national qui dit: sois satisfaite; tu subis une crise, mais tu en sortiras et tu y laisseras beaucoup moins que la France, ton ancienne rivale ; entrez en relation avec toutes les révolutions, travaillez-y même s'il le faut ! (Mouvement.)

Voilà le double sentiment de l'Europe; elle a été conduite loin par cette politique ..., elle est arrivée aujour d'hui elle-même à ses dernières limites.

En 1814, en 1830 et en 1848 , la Prusse et l'Autriche avaient des politiques, avaient des conduites parfaitement distinctes et indépendantes; aujourd'hui la Russie, que l'honorable M. Thiers appelait si éloquemment, il y a quelques jours, un hercule au berceau, aujourd'hui la Russie les domine, la Russie les protège, la Russie les défend. En sorte que quand nous serons arrivés chez nous à ce terme qui est le dernier qui nous attend , celui qui nous suit immédiatement le dernier degré de l'anarchie et de la démagogie , l'Europe qui verra, en même temps, tous ses trônes ébranlés, se réfugiera dans les bras de la Russie.

Vous aurez alors cette lutte sanglante et suprème entre la dernière anarchie et la dernière compression ; vous aurez alors la lutte entre deux barbaries, la barbarie de la démagogie et la barbarie des peuplades qui ne sont pas encore civilisées.

Alors aussi vous vous écrierez : L'insurrection est le plus saint des devoirs, et vous ferez courir ce cri d'un bout de l'Europe à l'autre, ce ne sera pas difficile : mais aussitôt vous aurez un cri pour réponse : L'insurrection est le plus saint des devoirs, mais la coalition est le plus légitime des intérêts! Guerre pour guerre! Sang pour sang! Meurtre pour meurtre! et vous aurez à la fin de ce siècle ensanglan-

té tant de luttes et tant de batailles que personne de nous.
ne peut en prévoir l'issue ni le dénouement final. (Mouvement divers.)

Voilà ce que je vous adjure de savoir, ce que je vous adjure
de vous dire à vous-mêmes, d'avoir à laisser dire franchement et hautement à cette tribune, ce que je vous adjure
de peser et surtout de prévenir. Je ne suis pas inquiet pour
l'honneur militaire de mon pays, je ne suis pas inquiet pour
son glorieux drapeau, mais je le suis, et nous devons tous
l'être de la responsabilité de si formidables et pourtant de
si certaines éventualités. Je vous en adjure au nom de votre patriotisme.

Messieurs, je vous ai déjà cité des anecdotes, je voudrais
les repousser, mais enfin il en est une que je ne puis pas
écarter de ma pensée. Laissez-moi vous dire un mot qui
vous touchera du général Hoche. (Ecoutez! écoutez!)

Le général Hoche était à la tête de son armée de Sam-
bre-et-Meuse; il avait trente-deux ans; il se sentait mou-
rir le lendemain d'une victoire, à la veille de victoires qu'il
rêvait encore, et il disait à son médecin : « Mon ami, donnez-moi un remède contre la fatigue, mais que ce ne soit
pas le repos.

Eh bien! ce capitaine, qui sentait qu'il avait besoin de
rafraîchir, de vivifier ses forces vitales, croyait qu'il ne
lui fallait pas un palliatif seulement; ce capitaine, qui sentait encore en lui le génie de l'avenir, le génie des batailles
et des conquêtes, qui sentait ses forces lui échapper, ce
capitaine, Messieurs, c'est la France !..... C'est la France
qui vous dit aussi, à vous, ses médecins et ses amis : « Donnez-moi un remède contre l'anarchie, mais que ce remède
ne soit pas le despotime; donnez-moi un remède, mais que
ce remède ne soit pas la prostration de toutes mes forces,
l'anéantissement de mon influence sur le monde. »

La France, quand elle tient ce langage, messieurs, elle
dit vrai; elle est assez malade pour avoir besoin d'être sauvée; elle est assez forte pour recouvrer toute son énergie;
elle vous le demande; c'est à vous, à cette heure suprême,
qu'il appartient, vous le savez, de sauver Hoche et la France; et c'est pour cela que je vous dis : Hâtez-vous et unis-
sez-vous. (Vive approbation sur plusieurs bancs de la
droite. — M. de Falloux reçoit, en descendant de la tribune, de nombreuses et vives félicitations.

DISCOURS DE M. BERRYER.

M. BERRYER (profond silence). Je n'ai pas la prétention
de répondre à tout ce qui a été dit devant nous aujour-
d'hui et dans la séance d'hier par l'orateur qui vient de
descendre de la tribune, mes forces physiques et les fa-
cultés de mon intelligence n'y pourraient suffire; mais,
embrassant d'un coup d'œil, dans un résumé saisissant
pour mon intelligence, tout ce grand parcours sur toutes
les questions dont l'humanité peut être occupée, je vois
une grande, une violente accusation, au fond des choses,
élevée contre tout le passé.

Si nous attachons à chaque partie de ce discours l'importance qu'il mérite, si nous pesons bien la gravité des questions qu'il a soulevées, la portée des émotions qu'il peut
faire naître dans les esprits, dans les cœurs des hommes
auxquels il parviendra, il est évident que cette grande ci-
vilisation française, qui dure depuis tant de siècles, qui a
tant progressé à la gloire de l'esprit humain, n'aurait été
qu'une lutte continue, perpétuelle, contre les principes naturels, contre les droits éternels, contre les droits fonda-
mentaux de toute société humaine; tyrannie, tyrannie
aveugle, implacable, tyrannie contre les grandes masses
d'un peuple, c'est là l'histoire du passé de la France! (Approbation à droite.)

Que M. Michel (de Bourges) me permette de ne toucher
aux différentes parties de son discours que dans les points
qui répondent selon moi, plus directement à la grande
question qui est soumise à vos délibérations, et dans la discussion même de cette question seule; je ne veux pas m'é-
garer.

Je sais, et je ne saurais oublier que l'Assemblée législa-
tive n'a pas le droit, qu'il ne lui appartient pas de déterminer et de proclamer quels changemens peuvent ou doivent
être apportés aux institutions politiques qui nous régissent
aujourd'hui.

L'Assemblée n'a qu'un vœu à émettre, et je dois dire

tout d'abord quelle part nous avons prise, mes amis et moi, dans la préparation de ce débat ; nous n'avons pas même demandé que ce vœu de révision fût émis ; aucune proposition tendant à la révision n'est venue de nos mains se poser sur la tribune; mais quand ce mot a retenti, quand on en a parlé, pouvions-nous méconnaître que ceux qui demandaient la révision répondaient à un sentiment qu'à moins de fermer les yeux à la lumière, on voit dominer dans le pays? Pouvions-nous méconnaître qu'il y a un besoin, qu'il y a un désir de changement , que cette révision est véritablement appelée à satisfaire? Je ne m'arrête pas à des pétitions sollicitées d'une façon plus ou moins régulière ou irrégulière, je dis que devant le pays, qu'en présence et en souvenir des luttes qui nous divisent, qui nous agitent depuis trois ans, il est impossible de méconnaître que la demande d'une révision est la réponse à un besoin plus ou moins éclairé, mais à un besoin manifeste du pays. Et certes, cette manifestation était imposante pour nous, quand 233 membres de l'Assemblée avaient signé la proposition.

Que devions-nous faire et qu'avons-nous fait?

Nous qui sommes profondément convaincus et des vices et des dangers des institutions actuelles; nous que tout le monde sait être sincèrement , persévéremment attachés à des principes tout contraires , quand la révision était demandée, pouvions-nous nous refuser à cet appel? Pouvions-nous ne pas adhérer? Que seraient devenus l'honneur, la loyauté, la sincérité des royalistes, si, quand on demandait d'appeler le pays à revoir la constitution républicaine, ils s'étaient refusés à cet appel? (Adhésion sur plusieurs bancs à droite.

Oui, nous avons demandé la révision ; mais ce n'est pas seulement pour satisfaire à des opinions politiques qui nous sont propres : ce n'est pas pour satisfaire à nos pensées même sur le meilleur avenir du pays ; bien moins encore pour satisfaire à des affections, à des instincts ou à des vues de parti , je vous supplie de le croire; mais c'est que nous avons jeté un coup-d'œil sur la situation présente de la France.

Deux dangers immenses nous paraissent menacer ce pays. Messieurs , il y a trois ans que nous avons vu des hommes, poussés par le flot des événements sur les ruines et des gouvernements et des lois , acclamer la République comme une digue élevée à la hâte , pour arrêter le torrent de l'anarchie.

Cette République , nous n'en avons pas repoussé la proposition ; nous n'avons pas réclamé contre ces efforts qui étaient tentés dans un moment de péril , contre cette dé-

claration, qu'on saisissait , d'une forme instantanée, inat-
tendue, imprévue de gouvernement, pour empêcher le pays
d'être emporté dans le désordre. Nous n'avons pas protesté;
nous nous sommes unis, sous toutes les formes et avec tous
les hommes qui ont montré cette résolution d'empêcher que
le pays ne fût emporté dans la tempête. Nous avons cons-
tamment , loyalement prêté notre secours ; mais nous ne
pouvons pas méconnaître que, dans ce laborieux effort de
trois années, la réunion de toutes les forces conservatrices n'a
pas été trop puissante ; nous ne pouvons pas méconnaître
qu'il faut être à la tâche, depuis trois ans, tous les jours et
à toute heure.

Et quel est d'abord le péril en face duquel nous sommes?
C'est que la constitution même, quand cette vigilance cons-
tante, quand ce travail de chaque jour est si nécessaire à la
préservation du pays, la constitution même a marqué un
moment qui s'approche, qui est devant nous, auquel nous
touchons, et où à la fois tous les pouvoirs publics, tout ce
qui existe de ces préservatifs constitués subitement, instan-
tanément en 1848, tout cela va être mis en question , tout
cela va être suspendu, tout cela va s'arrêter : et l'Assemblée et le pouvoir exécutif, et tous les pouvoirs de l'Etat ;
et ce torrent dont on craint le débordement, il ne rencon-
trera devant lui que des autorités, que des pouvoirs chan-
celans, à leur terme, et un intervalle encore entre l'appa-
rition et l'action des pouvoirs qui doivent leur succéder.

Je dis qu'il y a là un danger : aussi la France en est-elle
préoccupée. Et ce péril n'est pas le seul, il en fait naître un
autre qui n'est pas moins grand à mes yeux. Oui, nous l'a-
vons tous entendu , partout, de toutes les bouches , dans
toutes les questions , dans toutes les affaires, dans toutes
les relations de la vie, sur tous les points du territoire , on
craint, on redoute, on est effrayé de la crise que les termes mêmes de la constitution préparent pour 1852.

Je ne veux pas insulter mon pays, je ne veux pas l'offen-
ser, Dieu m'en garde! Mais en présence d'un grand péril,
il est, hélas! arrivé à cet état moral qui me fait craindre
qu'il ne s'égare étrangement dans le choix du secours, de
la ressource qu'il ira chercher pour obvier au péril. Non!
non! je n'accuse pas le caractère de mes concitoyens ; mais
qui doit s'étonner qu'après soixante ans de révolutions suc-
cessives, lorsque tous les systèmes, toutes les opinions, toutes les formes de gouvernement ont été tour à tour es-
sayées, établies et vaincues, lorsque toutes les convictions
tour à tour ont été inquiétées et brisées, lorsque toutes les
illusions des hommes les plus généreux sont tombées devant la puissance exclusive des faits, qui doit s'étonner que

la force morale, que la foi politique, que le zèle éclairé et ardent de la chose publique n'anime plus les cœurs, qu'il y ait de l'indifférence chez ce peuple ainsi labouré, qu'il y ait des préoccupations personnelles, individuelles, égoïstes, dominant tout en lui, qu'il ne lui faille plus aspirer à de grandes choses, mais demander seulement un repos de quelques jours, qu'on le traite en malade, à qui on fera le visage bon sans guérir la maladie, et que cela lui suffise pour cette béatitude de quelque temps, de quelques momens de repos; qni peut s'étonner que, dans cet écrasement de sentiments généreux, ardents, passionnés, publics, politiques, il y ait cette faiblesse! Et je ne suis point injuste. quand je montre quels terribles événements ont pu ainsi altérer le généreux, le courageux caractère français. (Approbation à droite.)

Eh bien, que peut-il arriver dans ce pays? Qu'il fasse ce qu'il lui sera le plus commode, ce qui sera le plus facile, ce qui présentera la transition, en apparence, en apparence! la moins agitée, la moins violente, ce qui menacera de moins de commotions profondes; qu'il prenne ce qui est, qu'il le continue pour un temps plus ou moins long; mais qu'enfin, voulant éviter les secousses, la guerre civile, l'anarchie qui l'inquiètent toujours, il se précipite dans ce remède détestable de violer la constitution lui-même, de faire l'anarchie et le brisement des lois; je le crains, et pour bien préciser ma pensée, je ne redoute pas moins, pas moins que l'invasion de nos ennemis, des ennemis de l'ordre social dans un jour de suspension, d'absence de tous les pouvoirs publics du pays, je ne redoute pas moins la réélection inconstitutionnelle du dépositaire actuel du pouvoir exécutif. (Approbation sur plusieurs bancs de la droite. — (Mouvements divers.)

Messieurs, j'ai une longue carrière à parcourir, je le vois. Au premier mot que j'ai prononcé, je me promettais d'abréger, de resserrer la discussion; mais dans le besoin que j'ai de répondre à l'attention que vous m'accordez, je sens que le cercle s'agrandit et je vous demande de ne pas précipiter vos jugements sur les différentes parties du discours que je vais prononcer devant vous et de ne pas exclure immédiatement d'autres propositions, par cela seul que je ne les émets pas tout d'abord.

Je le dis donc, nous n'avons pas demandé la révision. La révision demandée, par conscience, par honneur, par franchise, les royalistes devaient l'appuyer et la demander aussi. (Interruption).

Je le répète, ce n'est pas par la seule préoccupation de leur principe monarchique, c'est en vue de cette double

situation périlleuse du pays que je viens de caractériser,
qu'ils ont pensé, que nous avons pensé que la convocation
d'une assemblée de révision, que la réunion d'une assemblée ayant en elle tous les pouvoirs de la société, était peut-
être la force indispensable dont il fallait s'armer à l'a-
vance.

La révision demandée, il suffirait, ce semble, d'en donner les motifs généraux; mais on va plus loin : on veut en
prévoir les résultats, et c'est ici que les principes se sont
mis en présence les uns des autres.

M. Michel (de Bourges) a développé les siens à travers
des théories, qu'il me permettra, et je m'en humilie, de lui
dire n'avoir pas été parfaitement saisissables pour mon esprit; à travers ces théories, il nous a fait entrevoir les conséquences de ses principes avec une grande autorité de parole, de langage, et, je veux dire, de raison ; il nous a rappelé comment les conséquences se lient étroitement aux
principes ; il nous a dit suffisamment combien est implacable la logique qui entraîne et qui appelle les conséquences.
Nous n'avions pas besoin d'être avertis par lui de cet en-
chaînement invincible des principes et des conséquences.
Nous n'avions pas besoin des paroles; les faits, et des faits
bien récents nous l'ont montré.

Je ne veux pas dresser des accusations. Je ne veux pas
exploiter ce qu'il appelait tout à l'heure des arguments
sans valeur ; mais quand on garde des principes et qu'on
lutte avec eux contre des principes contraires , qu'il soit
permis, au moins, de montrer dans des faits immenses, dans
des faits récents, quelles conséquences les principes que
nous combattons , ont jetées dans l'esprit des masses, ont
amenées au fond des intelligences.

Ces conséquences des principes que vous défendez, nous
les avons vues ici , dans cette enceinte ; ces principes , ils
ont reçu leur interprétation le 15 mai, quand l'enceinte des
lois était violée ; ces principes , ils ont reçu leurs conséquences dans ces terribles journées de juin, dont je ne veux
pas faire la peinture, qui nous ont tant coûté , dont l'effroi
est encore si puissant sur tous les esprits. Et vous-mêmes ,
voyez ! malgré la séparation que vous avez voulu faire aujourd'hui, et de l'avenir et du passé, voyez où peut aller la
logique dans ce lien étroit des principes et de leurs conséquences ; voyez quelles conséquences du principe que vous
exaltez vous avez acceptées vous-même !

Nous vous avons entendu accorder, et en quels termes,
un hommage aux souvenirs les plus détestables des mauvais
jours, à des hommes dont le nom est attaché à des temps,
à une époque que le sens moral de l'humanité tout entière

a maudits. Je ne crains pas d'exagérer le sentiment des hommes de bien, de vous-même, car à travers la défense de la doctrine et de la théorie que vous présentiez, vous en montriez la répulsion ; mais je peux dire que ces hommes, que vous avez appelés des hommes superbes, ont commis, en quatorze mois, dans cette malheureuse France, plus de crimes que toutes les passions, toutes les ignorances, toutes les ambitions , toutes les perversités humaines n'en ont peut-être fait compter pendant quatorze siècles. (Applaudissemens et bravos prolongés sur les bancs de la majorité.)

Eh ! mon Dieu ! que vous repoussiez pour l'avenir ces abominables chances pour notre patrie , ah ! je le comprends ! Mais vous nous accordez bien peu quand vous dites que ce ne sera pas là son état normal (Nouvelle approbation et rires ironiques à droite).

Et enfin , avec votre grande et vive imagination , vous qui êtes si puissamment, si profondément, si nerveusement impressionné , avez-vous songé aux autres ? (Murmures d'approbation à droite.) Avez-vous pensé qu'il y avait ici des fils, des neveux , des proches des victimes ? Avez-vous songé que c'était à la nation la plus impétueuse sans doute de la terre , mais aussi , quand elle est dans le calme de sa vraie nature, la plus humaine, la plus loyale, la plus généreuse... (Applaudissements et bravos à droite), avez-vous songé que c'est à cette nation que vous avez dit en parlant de ces temps horribles : Peuple, voilà ton Iliade ! (Explosion de bravos et applaudissements.)

Vous êtes du peuple. dites-vous ; vous êtes le fils de vos œuvres. Je le suis des miennes ; je suis plébéien comme vous ; je suis mêlé au peuple comme vous ; je l'approche, je le secours, je le plains autant que vous! (Applaudsssements prolongés.) Je le connais ce peuple, il ne cédera pas à des excitations funestes; il recueillera ses souvenirs (il en a de récents); il interrogera les souvenirs de ses pères; il comptera ce qu'il a eu de misères, ce qu'il a eu de souffrances, ce qu'il a eu d'égarements, de honte, quand vous avez été ses maîtres, quand il a obéi à la voix de ces enfants du doute qui prétendent être la raison elle-même!...(Vives acclamations sur les bancs de la majorité.—(Applaudissements répétés et prolongés.)

Et nous ! nous ! mes amis , nous ! il serait vrai de dire que, nous aussi, inévitablement emportés sous le joug impérieux de ces principes et de leurs conséquences , malgré nous, sans le vouloir, sans le savoir, nous dit-on , nous serions pareils à vous !.... Et pourquoi ? Parce que nous ne sommes pas des insensés ! parce que nous reconnaissons le travail des temps, les progrès, les changemens, les modifications inévitables d'une société qui marche', qui se développe par son industrie, par ses travaux, par ses richesses , par son intelligence ; parce que nous reconnaissons ces transformations de la société, parce que nous revendiquons les grandes réformes de 1789, parce que, à la suite de quatorze ziècles, nous voulons et nous réclamons les institutions politiques, les libertés publiques dont le principe fut alors consacré. Nous sommes entraînés, dites-vous ; la monarchie est incompatible avec ces principes : nous sommes répnblicains, car il n'y a que la république qui puisse réaliser tous ces progrès.

Ah ! quel souvenir avez-vous donc d'une histoire bien récente, et quel orgueil vous anime de venir confondre ces années que vous groupez, que vous embrassez dans une même pensée, comme dans une sorte de lien de conséquences naturelles, la République et 1789 ! Mais la République a égorgé les plus nobles fondateurs de la liberté de 1789!.. (Bravos et applaudissements à droite et au fond de la salle).

Mais vos amis, et Thouret, et Bailly et Chapelier, et tant d'autres que je pourrais citer, qui ont fondé les institutions de 1789, ils sont tombés sur les échafauds de la République! (Bravo! bravo!)

Une voix à droite. Et Louis XVI!

M. BERRYER. — Ah! il y a une distance immense entre vous et 1789, ses principes, ses grandes réformes que nous revendiquons pour notre pays, que nous saurons y maintenir, auxquels nous avons engagé notre vie. Ce n'est pas d'aujourd'hui que vous me connaissez, vous, en particulier (s'adressant à M. Michel [de Bourges]) : nous avons suivi la même carrière, vous me connaissez depuis les premiers jours de la restauration , vous savez si j'ai été infidèle aux principes de 1789 ; mes amis ne le sont pas plus que moi.

A droite. — Non! non!

M. BERRYER. — Mes amis veulent les défendre, ces principes ; ils les appellent pour le gouvernement de la société française; et, prenez-y garde, quand vous dites que la monarchie est antipathique avec eux , vous oubliez que la grande œuvre de 1789, provoquée par le plus vertueux des rois , provoquée par le grand martyr Louis XVI; que cette grande œuvre de 1789 était fondée sur le principe de l'hérédité de la souveraineté publique. (C'est vrai ! c'est vrai !) Où allez-vous donc chercher vos incompatibilités ?

Eh! mon Dieu , je ne veux pas dire que la République n'a laissé que des ruines; mais elle a laissé ces libertés outrageusement violées. Vous me parliez du jury, je ne sais plus à propos de quoi : Etaient-ce les vingt-quatre stipendiés du tribunal révolutionnaire qui étaient le jury de la constituante? La République, elle a laissé des souffrances, des libertés, je le répète, violées, conspuées par elle-même, et elle les a livrées au despotisme, ces libertés, et malheureusement beaucoup des hommes dont l'honneur eût été de demeurer parfaitement fidèles aux principes d'indépendance et de fierté qui les leur avait fait proclamer. Tout cela a été livré au despotisme.

L'incompatibilité de la monarchie avec les principes de 1789 ! Mais, permettez-moi de vous le dire, qui est-ce qui a ramené le gouvernement représentatif ? Qui est-ce qui a rendu à la France les principes de liberté de 1789 ? Qui est-ce qui les a remis en honneur et en pratique dans notre pays? De quels actes émane la jouissance que nous en avons eue pendant trente années ? De la royauté.

Ah ! la royauté, avez-vous dit, a pu proclamer ces principes; elle a eu de bons commencemens, mais elle était antipathique; elle ne satisfaisait pas aux besoins naturels du peuple ; elle a été antipathique, vous nous l'avez dit tout-à-l'heure, par un système d'élection trop restreint. Je dirai que les plus ardents royalistes, aux premiers jours de la Restauration, voulaient faire descendre le cens à je ne sais plus à quel chiffre extrêmement infime, mais peu importe, quoi qu'il en soit, selon vous, la royauté a voulu avoir le capital représenté, et le travail non représenté.

Le travail est immolé par la royauté !....

Eh bien ! la concurrence, les droits égaux du travail et du capital ont été fondés en 1789; et la royauté leur est antipathique !

En vérité, mon esprit s'égare, il se confond. (Sourires à droite.) Mais je croyais que dans les grandes réformes de 1789, la coexistence, la concurrence, l'action réciproque, transactionnelle du travail et du capital n'étaient pas l'œuvre d'un jour; je crois que cela date du premier jour du monde, et non pas de l'année 1789 : capital et travail n'ont pas cessé d'être en présence.

Que vous disiez à celui qui, péniblement, ramasse chaque jour le salaire tant arrosé de ses sueurs, que vous lui disiez, pour lui troubler l'âme, pour lui égarer la raison : Le capital est un despote monarchique qui l'écrase, qui le pressure, qui flétrit la mamelle où il s'alimente; que vous égariez sa raison et passionniez son esprit dans les douleurs, dans les privations, au milieu de sa famille ; ah! n'en avez-vous pas quelque généreux effroi ! Et pourquoi dire, pourquoi énoncer sous ces formes trompeuses ce qu'il y a de plus banal, ce qu'il y a de plus trivial, ce qu'il y a de plus vulgaire, ce qui ne touche en rien à la question de telle ou telle forme de gouvernement, ce qui n'est qu'une question de bien ou de mal gouverner, de bonne ou de mauvaise administration, ce qui est, au monde, le plus étranger à la forme du gouvernement, c'est-à-dire l'administration habile, sage, paternelle, qui sait imprimer un mouvement qui, donnant au capital la confiance, le fait se répandre, imprime au travail son activité et lui assure sa participation au capital.

Oui, c'est là une question de bon gouvernement, une question de bonne administration, le résultat de sages lois, mais cela ne touche pas la question de la forme du gouvernement ; la situation du capital et du travail n'est pas différente, parce qu'on sera en République ou parce qu'on sera en monarchie. Que la République inquiète, que la République trouble, que la République menace d'un avenir trop court, et peut-être d'un avenir orageux, aussitôt elle tue les rapports du capital, elle tue le travail, elle paralyse cet écoulement naturel de l'argent pour le salaire, du travail vers l'argent pour en recevoir le prix.

Voilà ce que les gouvernements faibles, les gouvernements oscillants, les gouvernements soumis à des transformations quotidiennes, journalières, suivant des caprices de la place publique, font de mal. Je pourrais aussi abuser des exemples. Mon Dieu, quand on accuse dans le passé, on a un grand avantage. La monarchie, à travers toutes les erreurs, toutes les faiblesses, tous les vices qui sont attachés à l'humanité, elle a duré quatorze siècles ; on a un long espace à parcourir pour y saisir des fautes ; des jours mauvais, et les lui reprocher, comme si c'était la conséquence même de son principe. La République, cette République qui doit être éternelle, cette République qui est, selon vous, la grande condition de l'avenir, nous ne l'avons connue qu'un jour. Elle s'est défendue, dites-vous ; mais le système de défense nous a fait horreur ; mais les misères qui en sont résultées ont pesé pendant vingt années sur la nation française ! Je ne veux pas abuser de ce que vous avez duré trop peu, n'abusez pas de ce que nous avons duré beaucoup ! (A droite bravos et applaudissements).

Pour revenir à l'époque dont vous parlez, je dirai que la restauration, puisqu'il faut que je prononce son nom, la royauté, la royauté héréditaire, la souveraineté publique de France, la souveraineté nationale transmise suivant l'ordre de la loi fondamentale, dans l'espace de temps qu'elle a parcouru, a fait pour le peuple, non pas par des théories va-

gues, mais par des faits, par de sages lois, ce qu'il y avait
à faire, la seule chose qu'il y avait à faire, ce qui seul ré-
soudra tous les problêmes philosophiques que vous pouvez
jeter en pâture à des esprits qui ne les comprennent pas;
elle a fait par des faits ce que toutes vos théories ne feront
jamais : elle a inspiré la confiance, elle a ramené la paix,
elle a fait renaître le travail; il en est sorti une prospérité
sans égale.

Du jour où elle a été libérée du fardeau passé, du fardeau des guerres, des malheurs dont on l'accusait, comme
si elle avait été chercher la guerre au loin, peu importe;
du jour où elle a fait ce pacte de 1818, dans lequel elle as-
sumait la responsabilité de tout le passé et payait toutes
les dettes des gouvernements antérieurs, rachetait la victoire de l'Europe, victorieuse un jour; depuis ce moment
de 1818, il s'est développé d'année en année, une immen-
sité de travail, une réalité de richesse, une dispersion du
capital entre les mains des travailleurs, un accroissement
de la valeur de la propriété sans bornes aux yeux de l'i-
magination.

Je demanderai à ceux qui ont comparé la valeur et des
biens immobiliers et de toutes les richesses mobilières
de la France, leur valeur en 1815 et leur valeur en 1830,
je demanderai à tous ceux qui peuvent faire cette compa-
raison, et elle est facile, s'il n'y a pas eu un accroissement
considérable de la richesse? La richesse, elle ne naît que
du mouvement, de la circulation, de la confiance, du travail, de sa facilité, de sa multiplication et de la distribu-
tion de la richesse entre les mains de ceux qui ont tra-
vaillé. (A droite. Très-bien! très-bien!)

Voilà ce que la Restauration a fait pour le peuple, par
des faits, et non par des théories qu'on peut encore aujourd'hui promettre à l'avenir, mais dont on serait bien embarrassé de faire accepter par un esprit raisonnable la
réalisation possible, au point de vue abstrait où on les en-
visage. (Approbation à droite.)

Vous avez dit que la royauté était antipathique, et, en
la remerciant de nous avoir délivrés du despotisme, vous
dites qu'elle nous avait délivrés aussi de la gloire.

Non, non, ce jeu de mots n'est pas permis. La royauté
a été plus qu'aucun pouvoir du monde, jalouse de la dignité,
de l'honneur de la France. Dans des jours de luttes et de
contradiction, j'ai demandé qu'on citât une dépêche de ce
gouvernement qui n'exprimât pas hautement la jalousie la
plus ardente et la plus noble de la dignité du gouvernement français, et on m'a dit qu'elle n'existait pas.

A droite. Très-bien! très-bien.

M. BERRYER. Il restera, pour la restauration, qui a voulu maintenir les bienfaits de la paix, il restera l'honneur que vous ne deviez pas oublier, l'honneur d'avoir sauvé la Grèce, de l'avoir délivrée de la tyrannie ottomane....

M. LE GÉNÉRAL FABVIER. Je vous demande pardon........ (Exclamations générales.—N'interrompez pas !

M. LE PRÉSIDENT. Eh ! laissez donc ! c'est intolérable ! N'interrompez pas !

M. BERRYER. Vous y étiez, général.

M. LE GÉNÉRAL FABVIER. Après Dieu et le peuple grec. (Vives exclamations. — N'interrompez pas ! N'interrompez pas ! — A l'ordre ! à l'ordre !)

M. BERRYER. Après Dieu sans doute, général; il n'est rien de bien qui ne vienne de Dieu ou des inspirations de Dieu. Rien de bien sur la terre que quand on obéit à ses commandements et quand on marche sous sa loi, rien de bien qui ne vienne de Dieu ; vous avez raison, général; mais n'oubliez pas, dans l'humilité de votre individu, que vous avez été autorisé vous-même à prendre part à cette campagne glorieuse, et que vous avez été du nombre de ceux qui, de l'épée française, ont consacré l'indépendance de la Grèce..

M. LE GÉNÉTAL FABVIER. Mais non...

De toutes parts. — N'interrompez pas ! n'interrompez pas! — A l'ordre! à l'ordre!

M. LE PRÉSIDENT. C'est scandaleux, ces interruptions-là; je vous rappellerai à l'ordre ! C'est une personnalité intolérable.

M. BERRYER, s'adressant à M. le général Fabvier. Eh mon Dieu ! général, plus tard vous réclamerez ; si vous y tenez, dites que vous n'y avez été pour rien, je vous le permets. (Rires approbatifs.)

(M. le général Fabvier fait un geste.)

M. LE PRÉSIDENT. N'interrompez donc pas ceux qui parlent bien et dont les paroles nous honorent.

M. BERRYER. Et plus tard , il restera encore pour la royauté, qui, à aucune époque , n'a délivré la France de la gloire, il lui restera d'avoir anéanti cette piraterie séculaire dout l'Europe tout entière était tributaire, et que lui faisaient supporter les Barbaresques enfin vaincus par la royauté française , quand la royauté espagnole et la puissance anglaise avaient échoué dans cette tentative... (Vive approbation et applaudissements à droite.)

Et plus tard encore, oh! je ne sépare pas la gloire pour un gouvernement qui a été préoccupé de développer aussi le bien-être public, la prospérité nationale, le travail et les industries.

Je l'ai dit un autre jour, je ne veux pas avoir l'air de jeter des éloges en échange des oppositions que des esprits malveillans tentent de faire naître; mais vous n'avez pas perdu le souvenir de ce que j'ai dit ici à l'honneur de ceux qui, à l'époque où je me trouvais dans l'opposition, ont soutenu si noblement la dignité française, l'honneur français, l'autorité du nom français. (Nouvelle approbation à droite.)

La restauration, en particulier, elle a fait deux choses : elle a payé d'abord l'indemnité des émigrés.

Eh bien ! je n'hésite pas à le dire, les temps sont arrivés pour que le jugement soit équitable ; l'indemnité des propriétaires spoliés a été un grand acte de justice, de sagesse, de prévision sociale. (*A droite* : Très-bien !) La propriété, cette condition fondamentale de toute société avait été violée; la propriété a été vengée, et la confiscation, cette peine horrible, cette peine qui punit les générations par la privation de successions légitimes, la confiscation, effacée de nos lois par Louis XVI et par la Charte de 1814, n'a été dans son abolition ratifiée invinciblement que quand, par l'indemnité on a dit: Les spoliations seront inutiles et vaines, elles seront réparées tôt ou tard, car le droit de propriété est sacré, et l'atteinte qui lui est portée doit être réparée un jour. (Applaudissements à droite.) Oui, l'indemnité fut un grand acte. Justice a été faite en vengeant la propriété violée, et en consacrant à jamais l'inscription dans nos lois de la confiscation abolie. (Nouveaux applaudissements à droite.)

La restauration a fait autre chose, elle a proscrit les régicides, vous l'avez dit : ils sont rentrés plus tard. Mais comptez combien d'attentats, de régicides ont été essayés à partir du jour où ces grands coupables sont rentrés dans le pays! (Rumeurs.) Comptez toutes ces tentatives d'assassinats sur le chef de l'Etat.

La Restauration maintenant, dites-vous, après avoir reconnu les droits, les a violés, tant il est vrai que la royauté est incompatible avec les principes sur lesquels ces droits politiques reposent.

Messieurs, je ne sais rien défendre de ce que j'ai combattu; je ne sais rien défendre contre la vérité; mais je demande la vérité tout entière; mais n'oubliez pas qu'au jour où l'on proclame la liberté en France, qu'au jour où on annonce une liberté de plus, et c'était une grande nouvelle de liberté, que la charte de 1814, après les constitutions de l'empire; qu'un jour où, en France, on annonce une liberté de plus, il y a des hommes de licence qui envahissent à l'instant même. Une lutte s'engage, il faut se défendre; la liberté voulue, désirée, reconnue, devient dangereuse ; il la faut malheureusement protéger, et vous l'avez vu de nos jours sous la République. Je sais bien que vous pouvez dire qu'on fait des lois pour la dictature, pour la dictature de la majorité. Mais enfin, sous la République même, a-t-il été possible de proclamer une liberté de plus, sans voir les hommes de licence exagérer à l'instant, engager une lutte, une lutte à laquelle a voulu résister tout gouvernement ?

Et le gouvernement de 1830. Quelle est la pensée qui a dominé ceux qui ont complété la révolution de juillet ? Il y a eu un grand malheur sous la restauration. il y a eu cette lutte de l'esprit de licence contre la liberté en abusant des libertés nouvelles. Il y a eu un autre malheur, je dois le dire. Les hommes qui avaient vécu, cette génération encore vivante, qui avait été spectatrice des excès de la République, spectatrice et victime, cette génération qui avait eu le malheur d'être contrainte à se réfugier à l'étranger et à chercher dans l'épée d'un gentilhomme une arme contre le mouvement d'un peuple; cette génération, oui, elle a eu trop peu de confiance dans la liberté; elle a été alarmée aussitôt qu'elle a vu naître les luttes. Le pouvoir n'a pas eu assez de confiance dans la liberté même qu'il avait voulue.

Mais je demanderai à tous, quand les expériences sont faites pour tout le monde, si à cette époque-là aussi la liberté n'a pas eu trop de défiance pour le pouvoir ; mais enfin il a fallu, sous la restauration, des lois répressives, des lois préventives même à certains moments, dans les commencements surtout. Et n'avez-vous pas vu sous ce gouvernement créé en juillet, créé par les hommes qui y ont adhéré avec le plus d'ardeur et le plus de chaleur, non pas ceux qui voulaient se faire de la révolution une occasion d'amener la République et l'anarchie, mais ceux qui, la révolution se faisant, ce grand ébranlement étant donné, après les coupables et fatales ordonnances, ont voulu sauver du moins le gouvernement constitutionnel, l'ordre constitutionnel, les libertés politiques, ceux-là mêmes n'ont-ils pas été obligés d'introduire des lois de prévention, des lois répressives, et de disputer pied à pied ces libertés pour la conservation desquelles ils avaient fait tout un gouvernement ?

Voilà l'histoire du passé.

Mais, encore une fois, dans des temps de révolution, lorsque les esprits sont emportés, comme on peut l'être sous des paroles telles que les vôtres, lorsqu'il y a des luttes, et que ces libertés n'existent pas selon toute la plénitude de la volonté, qu'on y apporte des restrictions, hélas! inévitables, cela ne fait pas que, comme vous l'avez dit, la royauté soit antipathique au principe de liberté, aux institutions constitutionnelles, aux grandes libertés politiques que 1789 a créées, que nous réclamons, que nous vengerons, que nous maintiendrons, et que nous appellerons au secours de l'avenir. (Approbation sur plusieurs bancs de la droite.)

Ici permettez-moi de répondre enfin à un mot que vous avez retiré tout à l'heure à peu près, mais que vous avez prononcé hier et qui ne devrait jamais sortir de la bouche des hommes sérieux : La royauté est antipathique à la France, et surtout celle qui prétend être de droit divin.

Entendons-nous !

Jamais expression, jamais pensée plus fausse n'a été produite dans le monde. Il n'y a qu'un droit divin, il n'y a qu'une loi divine, c'est la loi même de la création de l'homme ; il doit vivre en société, il est fait pour vivre en société.

L'existence de la société, l'être de la société dans ses conditions essentielles, voilà la loi divine, voilà le droit divin ; il n'y en a pas d'autre. (A droite. Très-bien ! trèsbien ! Point de société sans religion ; point de société sans famille ; point de société sans droit de propriété.

Et remarquez-le bien, quand vous dites à la royauté dont je vais parler tout à l'heure qu'elle est incompatible parce qu'elle se prétend de droit divin, vous, vous menacez ce qui est vraiment de droit divin, ce qui seul est de droit divin ; vous menacez les conditions essentielles de la société, les conditions sans lesquelles aucune société ne peut demeurer dans le monde.

Allons au delà des paroles, au delà du cercle habile dans lequel vous avez enfermé cette longue lutte du capital et du travail ; pénétrons au fond de la pensée. Le droit de propriété, le droit de transmettre la propriété, ce droit qui est le lien de la société humaine, le respectez-vous ? Non, vous le menacez au moins.

Ainsi, il n'y a qu'une chose divine au monde ; il n'y a qu'une loi divine, il n'y a qu'un établissement divin, c'est la vie de l'homme en société. Mais la forme sous laquelle telle ou telle société se conduit, cette forme est une institution humaine. Dieu n'est pas venu dire à un tel : Tu seras roi ! Les sociétés peuvent vivre en république, en monarchie héréditaire, en monarchie élective. Mais toujours les sociétés, dans leurs conditions divines de religion, de famille, de propriété, peuvent subsister sous toutes les formes de gouvernement.

A droite. — Très-bien !

M. BERRYER. Je ne vous dis pas qu'une société ne peut

pas vivre en république; ne me dites pas qu'une société ne peut pas vivre en monarchie, (Rires approbatifs et applaudissemens à droite.)

Oui, à cela près que la monarchie, dans son gouvernement nécessairement paternel, protège toutes les conditions esssentielles de la société; à cela près que dans vos idées, dans vos spéculations, dans vos téméraires théories, vous menacez ces conditions essentielles et divines, je vous accorde et je répète qu'une société peut être aussi bien en république qu'en monarchie.

C'est là la forme qui est d'institution humaine; c'est là la forme qui est éternellement discutable; c'est là ce qui est livré aux passions, aux jugemens, aux volontés des hommes.

Sans doute, la République laissera sur la discussion, quant à la forme du Gouvernement, auprès de ceux qui, comme vous, l'envisagent sous les formes peu sociales, une grande liberté de discussion, vous en avez besoin; je comprends aussi que l'honorable général Cavaignac qui a été capable, qui a été digne d'exercer un grand pouvoir public en France, qui a défendu l'ordre d'accord avec la majorité dont il est aujourd'hui si malheureusement séparé....

M. LE GÉNÉRAL CAVAIGNAC. Je demande la parole.

M. BERRYER...... Je comprends que l'honorable général Cavaignac ait pu dire qu'un gouvernement était perdu quand il laissait discuter son principe. Cela est vrai ! Pour quoi un gouvernement est-il perdu, si la discussion de son principe est livré aux examens, aux volontés, aux caprices, aux témérités des hommes qui composent la société? Cette discussion est ouverte, en droit, je le reconnais, à l'intelligence qui conteste, qui juge, qui apprécie. Aucun gouvernement ne peut s'y soustraire; mais s'il laissait la liberté illimitée de discussion, il manquerait au premier de ses devoirs.

N'est-il pas évident qu'il ne peut laisser s'agiter ainsi pérsévéremment la question de savoir si on le gardera ou si on ne le gardera pas, si l'on modifiera la forme sous laquelle marche, grandit une société, qui lui doit toutes les conditions de vie et de stabilité; n'est-il pas évident que si ces questions sont remuées sans cesse, il n'y a pas pour le peuple, il n'y a plus pour le pays le loisir de vivre en repos, de penser à ses arts, à son industrie, à ses affaires, à ses intérêts ? N'est-ce pas aussi évident que la lumière du jour.

Ne reprochez pas à un gouvernement qui a acquis ses titres, à un gouvernement qui est éprouvé, à un gouverne ment qui a montré par expérience qu'il pouvait remplir sa tâche et qu'il était capable de satisfaire aux besoins, aux intérêts comme à l'honneur d'un pays, ne lui reprochez pas de demander aux peuples de respecter et de ne pas discuter sans cesse le principe qui les protège, le principe qui fait leur puissance, leur grandeur et leur prospérité. Oui, les gouvernements, alors que leur principe a prévalu, alors qu'ils sont établis, quand ils ont fait leurs preuves et se sont montrés propres à leur tâche, les gouvernements doivent se refuser à la discussion perpétuelle de leur principe. (Rumeurs mêlées d'approbation.)

Mais, ici, permettez-moi de vous le dire, vous touchez à une grande question de devoir gouvernemental, et je dirai à une grande question de devoir national. Oui, quand une société vit, quand elle prospère, quand elle s'étend, eh, mon Dieu ! cela n'a pas manqué à la société française ; ce pouvoir, cette vieille institution de la monarchie avec ces quatorze siècles qu'elle a duré sous trois formes, et les huit derniers siècles, n'ont eu qu'une même loi ; cette royauté de quatorze siècles, ce principe permanent, avait-il failli à sa tâche?

Quoi! il nous a conduits, il nous a secondés, depuis les mœurs farouches des compagnons de Clovis jusqu'aux grands établissements de saint Louis, jusqu'aux belles économies de Louis XII, jusqu'aux pacifications d'Henri IV, jusqu'à cette magnifique société de Louis XIV, jusqu'à cette pensée généreuse qui anima les premières années de Louis XVI, jusqu'à cette époque où l'ascendant de la France, non pas seulement l'ascendant mercantile, industriel, nos possessions de l'Inde, la richesse de nos colonies, l'Angleterre humiliée, toute cette puissance de la France en dehors, mais encore l'ascendant de la France dominant par le goût, par les arts, par l'intelligence, par tout ce qui met l'homme au-dessus de lui-même : eh bien, la royauté, ce principe persévérant et fixe, a-t-il trahi sa tâche, a-t-il manqué à la nation ? Cette société est-elle diminuée, est-elle restée dans la barbarie, les préjugés, l'ignorance des siècles antérieurs? Vous nous apportez de grandes théories sociales, vous aspirez à une réforme complète de la société, vous vous êtes livrés laborieusement à l'étude, dans les faits et dans les livres.

Ah! dites-nous donc, dites-nous si, en effet, cette royauté, cette grande autorité n'a pas rempli son devoir péniblement à travers les siècles, et si la France est restée ce qu'elle était sous ce que vous appelez la tyrannie des temps anciens, la tyrannie royale, la tyrannie du principe héréditaire. Non! non! elle avait un devoir à remplir. Quand un principe a été protecteur, quand il a été bon pour un grand peuple, quand ce peuple s'est magnifiquement développé sous sa loi, c'est un devoir de faire respecter et de ne pas laisser mettre en discussion par les esprits les plus téméraires, par les théoriciens quelquefois les plus aveugles, mais les plus hardis, de ne pas laisser discuter perpétuellement, injurier même ce principe conquérant, sauveur, pacificateur et civilisateur. (Applaudissements à droite.)

Maintenant, vous m'y amenez, vous me poussez dans la question; ce que je dis du devoir du Gouvernement, c'est encore le devoir des peuples. Leur bon sens, leur intelligence, le sentiment de leurs maux, non pas la timide mais la juste et clairvoyante appréciation du péril, doivent aussi ramener les peuples au principe sur lequel la société a été fondée; c'est en rentrant dans leur principe, c'est en proclamant leur principe, en s'y attachant fortement, que les Etats affaiblis, ébranlés par de grandes calamités, se sauvent et qu'ils sortent des périls qui peuvent abîmer une société.

Ah! nos pères nous en ont donné l'exemple; et si, dans des temps de guerres intestines; si, après de malheureuses divisions au sein de notre pays, si la couronne de France n'a pas été portée sur la tête d'un roi d'Angleterre, c'est parce que la France, jalouse du principe fondamental de la société, l'a invoqué, l'a maintenu, l'a proclamé, pour repousser l'Anglais par delà ses rivages. (Bravos à droite.)

Et voyez, dans un autre temps, cette sagesse de nos pères. Ah! messieurs, il y a eu des jours mauvais, il y a eu des guerres désolantes, des guerres au nom du Dieu de paix, des déchirements au nom du Dieu de charité, des guerres religieuses, en un mot qui portaient aussi à tenter la république. Alors, dans l'excès des égarements et des passions, comment la France s'en est-elle sauvée? comment est-elle arrivée aux grandes pacifications de Henri IV? En rentrant dans son principe, en le proclamant, en l'invoquant, en le faisant triompher de toutes les passions et de toutes les ambitions. Voilà le passé. (Adhésion à droite.)

Messieurs, je ne veux pas aller plus loin. Je l'ai dit en commençant, l'Assemblée doit exprimer un vœu de révision. L'Assemblée ne doit pas déterminer et voter ce que l'assemblée de révision a seule le droit de délibérer et de faire. Mais quand vous nous dites que la royauté est incompatible avec les principes de 1789, quand vous faites tomber sous cette même accusation les deux derniers gouvernemens et celui de l'autorité traditionnelle, et celui de l'autorité acclamée pour sauver les formes et les principes du gouvernement représentatif, quand vous nous dites cela, permettez-nous, à notre tour, de vous demander si c'est sérieusement qu'à cette vieille France vous venez de dire qu'elle est républicaine (rires à droite), si c'est sérieusement, après l'expérience que vous avez faite.

La France républicaine ! La France qui a fait de vos circulaires et de vos commissaires ce que vous savez... (Nouveaux rires à droite); la France à qui vous reprochez... en trahissant ainsi le secret des choses, en montrant vous-mêmes qu'elle n'est pas républicaine... à qui vous reprochez d'avoir embarrassé la République, parce qu'elle a un président qui est prince, se disant, ou quelques autres disent être un prince prétendant; la France qui a eu le tort de vous envoyer une majorité composée de quoi ? vous disiez, vous, tout à l'heure, d'hommes monarchiques : cette France est républicaine !

Vous vous plaignez et du choix du premier magistrat et du choix des hommes qui composent la grande majorité de l'Assemblée ; vous les appelez monarchiques dans leur origine et dans les principes qu'ils ont au fond du cœur ; et, ne vous y trompez pas, il y a ici beaucoup d'hommes qui sont décidés à la révision fondamentale de la constitution ; mais il y en a un très-grand nombre qui croient que c'est une témérité, qui ne trouvent pas les périls dont nous sommes préoccupés assez menaçants ; qui disent qu'il y a une nouvelle expérimentation à faire; qu'il faut gagner du temps et qui cependant n'ont pas plus de foi que nous dans l'avenir que vous prétendez être l'avenir naturel, légitime, nécessaire de cette société française... Non, messieurs, non ; par ces faits bien manifestes, la France n'est pas républicaine; je dirai qu'elle ne peut pas l'être.

Eh ! mon Dieu, que lui voulez-vous ? quand vous nous promettez l'avenir de la République exprimé et peint si clairement, et d'une façon si saisissante pour tous les esprits, que dans les entraînemens nécessairement subis par des hommes qui ne maudissent pas 89, nous devrons courir au-devant de votre République, quelle est donc cette République que vous promettez pour l'avenir ? Je la réduisais tout-à-l'heure à une question d'administration, à une question qui peut toucher fondamentalement le ministre des travaux publics et le ministre du commerce; fondamentalement, car c'est là à peu près la limite de leurs pouvoirs. (Sourires.)

Vous l'étendez plus loin, et vous voulez une république qui ne soit pas une république antique, je le comprends bien ; mais j'ai peur qu'en repoussant les républiques antiques, vous n'y soyez conduit par une grande vérité politique : c'est que la France , individualisée comme elle l'est par la suite des révolutions, par l'établissement parfait de cette égalité politique et sociale à laquelle aucune royauté n'a manqué ; c'est que cette grande réunion, cette grande collection d'individualités dégagées les unes des autres , séparées et éparpillées, étendues et errantes dans la seule action de leurs intérêts personnels, qui ne sont pas, comme les sociétés antiques, liées par des communautés d'intérêt , qui n'ont pas des agrégations d'hommes et d'intérêts communs, qui ne forment pas en un mot une fédération de positions sociales , comme les Etats-Unis, une fédération de territoires : c'est que cette société-là , quand vous repoussez pour elle la forme des républiques antiques et de Rome, et d'Athènes, et de Sparte ; c'est parce que vous réconnaissez bien que les républiques qui ont été grandes , sages, qui se sont enrichies par les sciences , par les lettres , par les arts, par le commerce , par la guerre, que ces républiques-là ont été constituées dans des conditions de société qui manquent en France, dont la France n'est pas capable, et je maintiens que, s'il y a un pays au monde qui soit arrivé à l'état d'individualisation où le gouvernement républicain est celui qui convient le moins, c'est, à coup sûr, la société française.

Je comprendrais la république ailleurs, dans un autre pays ; mais je maintiens que la société française est dans des conditions telles qu'une république raisonnable, une république constituée, nécessairement hiérarchisée, ne peut pas y être fondée, car l'action de la multitude tumultueuse, constituant un gouvernement de raison sans aucun degré quelconque dans l'échelle sociale, vous l'invoquez comme le beau social ; mais, moi je dis qu'il n'y a pas de société possible dans ces conditions-là.

Vous repoussez pour la France ces conditions des républiques antiques qui ont duré comme grands gouvernemens ; vous les repoussez parce que vous êtes obligés de reconnaître que la France n'est pas en état de les accepter.

Que voulez-vous pour elle ? Le gouvernement américain. Sauf quoi ? Je ne parle pas de l'esclavage ; mais sauf la fédération, c'est-à-dire sauf ce qui en est la base. Supprimez la fédération des Etats ; englobez les Etats du nord et les Etats du sud dans une grande unité sociale , et je défie le gouvernement américain de subsister un seul jour. (Approbation à droite.)

Ainsi, vous voulez nous donner un gouvernement qui serait, dites-vous, selon vos vœux, qui est celui dont la forme vous plaît, que vous acceptez pour votre avenir, et vous l'empruntez à un peuple bien jeune encore, à un peuple jeté sur des territoires bien vastes ; assez peu nombreux encore sur un grand et riche territoire, pour ne pas se disputer les fruits du travail, les fruits de la terre ; à un peuple qui est dans un pays où on peut vivre côte à côte, car quand un voisin gêne, on s'écarte et on trouve l'abondance et le bien-être. (Mouvement.)

Vous comparez ce peuple à un peuple serré, pressé sur un territoire qui est à peine assez productif, malgré les labeurs qui le déchirent, pour donner l'alimentation suffisante à tous ses habitans.

Vous comparez ces deux Etats ; vous allez chercher pour nous un modèle de république chez une nation qui est placée dans des conditions toutes particulières, et vous arrachez précisément de la constitution que vous nous offrez ce qui en est la base : la fédération ; la fédération dont nous ne voulons pas, que la France doit repousser, car la France doit demander, doit garder sa grande unité, sa grande unité monarchique ; elle en a besoin au milieu de l'Europe. L'unité, l'indivisibilité de ce territoire national de France avec sa population pressée sur toutes les parties de sa surface, l'indivisibilité de cette nation puissante, l'unité de territoire, voilà les conditions essentielles de la France. Votre type de république américaine ne peut être appliqué à la France ; c'est une utopie.

Eh ! mon Dieu ! voulez-vous que je vous fasse ma confession ?

Plusieurs membres à gauche.— Oui !

M. BERRYER. Oui ! J'y ai pensé. Je ne l'ai dit à personne, je ne l'ai dit à aucun de mes amis ; c'est à tout le monde que je fais ma première confidence, c'est à mon pays tout entier.

Eh bien, dans mon existence, j'ai traversé quatre grandes formes de gouvernement. Arrivé à l'adolescence sous cet immense établissement de l'empire, mon imagination, ma jeune ardeur furent enthousiasmées de cette situation qui portait si loin et si haut la grandeur du nom de la nation au milieu de laquelle j'étais né.

Ah ! cela m'a séduit ; j'étais bien impérialiste à dix-huit ans ; j'étais bien impérialiste à vingt ans encore. Oh ! la gloire de l'empire ! Mais je suis sorti du collège au bruit du canon d'Iéna, et quelle tête n'eût pas été enivrée alors ? Mais j'ai vu, j'étudiais alors comme vous, je commençais à me rendre un peu compte des gouvernemens.

J'avais un père, homme de labeur, homme de pauvreté, voulant m'imposer le goût du travail.

En 1811 ou 1812, il mit près de moi un ancien député aux

états généraux ; il donna commission à cet ancien député de me faire étudier, quoi ? Ce à quoi personne ne songeait dans le monde à cette époque , les procès-verbaux de l'assemblée constituante.

Je les ai étudiés pendant dix-huit mois, avec ce vieux M. Bonneman. J'ai commencé à comprendre, j'ai senti le despotisme, et il m'a été odieux. Je n'ai pas attendu sa chute ; j'ai ici de mes amis d'enfance, ils savent qu'avant la chute de l'empire, je leur disais : « Vous ne vous rendez pas compte de votre gouvernement : il est odieux, il est intolérable ! La gloire ne couvre pas cela ! »

Tu m'es témoin !... (L'orateur invoque du geste un membre de la droite. Ce mouvement oratoire produit une vive sensation. — Tous les yeux se tournent vers M. de Grandville, qui répond à l'honorable M. Berryer par des signes réitérés d'affirmation.)

Messieurs, je vous demande pardon de la familiarité de mon langage. (Non ! non ! — Très-bien ! — Applaudissements et bravos à droite.) Mais après tout ce que nous avons entendu, quand je fais un effort d'esprit pour recueillir ce qui avait été dit, et classer ces idées qui nous ont plus ou moins frappés, pour les reproduire devant vous et y répondre, il n'y a plus de préparation, je m'abandonne à une liberté excessive dont je vous demande des excuses. (Non ! non ! — Très-bien ! très-bien ! — Continuez ! continuez !)

Eh bien, oui, j'ai senti le despotisme, et il a gâté la gloire pour moi. (Sensation.)

Et puis j'ai vu l'infidélité de la victoire, j'ai vu l'étranger amené par nos revers jusqu'ici (l'orateur baisse la voix et semble indiquer du doigt les lieux qui environnent l'Assemblée). J'ai vu tout un grand gouvernement, une immense puissance qui reposait sur un seul homme, disparaître, disparaître en un jour, disparaître parce que son épée était abattue, et qu'un jour, un seul jour, il n'était pas triomphant : plus de gouvernement, plus de lois ; tout s'anéantissait, tout partait avec un seul homme !

Oh ! alors j'ai compris que, malheur aux nations dont l'existence, dont le gouvernement, dont la constitution a tour à tour ou la mobilité des passions populaires qui conduit aux hontes du directoire, ou l'autorité immense du génie d'un grand homme qui conduit à d'éclatantes victoires, à d'immenses succès , mais aussi à d'affreux revers, à un anéantissement complet, à un effacement de tout ce qui constitue la société. Faire reposer la destinée d'un peuple sur la tête d'un homme, c'est le plus grand de tous les crimes. (Mouvement à gauche.) Ah ! j'ai compris alors la né-

cessité d'un principe. (Vive approbation. — Applaudissemens sur les bancs de la droite.)

Oui, j'ai joué ma vie à cette conviction que j'ai embras-
sée sous cette jeune expérience ; oui, j'ai eu foi dans la
puissance d'un principe pour conserver, maintenir, développer, agrandir, rendre puissante la société humaine, non
toujours par l'action personnelle des rois..... Ils sont rares
ces grands génies que la succession amène sur le trône, ils
sont rares, trop rares; il peut y avoir dans leur sang et il y
a dans leur sang, par un bienfait du ciel, une transmission
de qualités bienveillantes et paternelles...... (Légères rumeurs à gauche,) l'amour jaloux du pays dans lequel ils
sont nés; cela est ordinaire, cela est traditionnel ; mais
enfin les grands rois qui font par eux-mêmes ne sont pas
nombreux.

Un principe, au contraire, qui assure la stabilité du pouvoir, qui, par conséquent, assure la liberté et la hardiesse
d'un grand peuple, sous cet ordre sérieusement, fortement
établi et non contesté, oh ! je comprends sa puissance, non
pas pour l'intérêt de la personne-roi, mais pour l'intérêt du
peuple qui, sous la fixité de l'ordre qui le constitue, de la
loi qui le constitue, sent la liberté de son action, l'indépendance de sa vie et la faculté d'exercice de toutes ses puissances ! C'est ainsi que j'ai compris le principe, que je m'y
suis attaché, que je m'y suis voué.

J'ai été royaliste alors, royaliste de principe, royaliste
national, royaliste (passez-moi le mot, ne riez pas, car vous
blesseriez par des rires le plus vrai, le plus profond, le plus
sincère de mes sentimens), royaliste, parce que je suis patriote, très bon patriote. (Applaudissements et braves prolongés à droite.)

Eh bien, oui, je l'ai vu tomber ce gouvernement qui
avait ma foi. et je me suis défié ; et j'ai lutté contre le gouvernement qui lui a succédé, et j'ai cru qu'en abandonnant
le principe, quelque zèle qu'il pût avoir pour la prospérité
matérielle du pays, pour les idées libérales, la puissance et
la force du principe lui manquant, c'est une illusion, c'était
une erreur d'âmes généreuses, sans doute, mais qu'enfin,
c'était une erreur de mon pays qui ne durerait pas. Il est
tombé.

Toutes ces ruines, toutes ces accumulations de convictions, de gouvernemens, d'illusions détruites, j'ai vu tout
cela; et croyez-vous que je ne me sois pas demandé, au moment de la dernière révolution , dans cette journée même
du 24 février : Mais pourquoi cette France intelligente, cette
France qui a pratiqué les libertés et les gouvernemens,
cette France qui a dans son sein de grandes existences, de

grandes propriétés, des droits acquis, des noms honorés, des noms qui inspirent la confiance, l'estime publique, noms anciens, noms nouveaux, mais tous considérés dans ce pays; pourquoi cette France ne se gouvernerait-elle pas toute seule ? pourquoi la forme de son gouvernement ne serait-elle pas quelque chose comme celles du gouvernement américain?

Oui, je me le suis demandé ; mais je n'ai pas eu de doute à la réflexion ; je n'en pouvais avoir. J'ai vu ce que c'était que la république pour une vieille société dans laquelle des intérêts sont nés, se sont développés, ont grandi, où des richesses ont été acquises et se sont justement transmises; pour une société où existaient des gloires, des honneurs, des distinctions personnelles ou héréditaires, et où tout cela s'attache invinciblement, malgré l'égalité, à des individualités ; alors, j'ai compris que, dans cette vieille société, la république était contraire à ses traditions, à ses besoins, à ses instincts, à sa position en Europe, à son ascendant au milieu des puissances, et qu'elle ne serait rien autre chose que le terrain des ambitions, des jalousies, des cupidités, des mécontentements, des rancunes. (A droite. Très-bien! très-bien!).

M. DE LAMARTINE. — Je demande la parole.

M. BERRYER. Oui, j'ai pu me demander un jour si un gouvernement analogue des Etats-Unis serait praticable en France. En y réfléchissant, je l'ai reconnu impossible.

Il n'y a pas d'esprit qui, de bonne foi, sans passion, n'ayant aucun intérêt personnel, ayant des convictions, des affections, des respects, des attachements, mais enfin s'élevant au-dessus de ses attachements personnels, il n'y a pas d'esprit qui n'arrive à cette conclusion : la République est antipathique à l'existence, aux instincts, aux mœurs d'une vieille société de 35 millions d'hommes pressés sur un même territoire. (Vive approbation sur les bancs de la majorité. — Légères rumeurs sur les bancs de l'extrême gauche.)

Ah! j'oubliais que vous nous avez cité une grande autorité, les paroles d'un grand génie, de Napoléon.

Napoléon à Sainte-Hélène, dites-vous, a appelé la République comme un progrès naturel de la société française. Non! non!.... Lui qui avait tant fait pour comprimer vos principes, pour assouplir et dominer les hommes que vous avez exaltés; lui qui avait tant fait pour reconstituer l'autorité en France, quand cette œuvre qu'il avait étendue par delà les frontières de son empire a été brisée, comme je le disais tout à l'heure, parce que la victoire avait manqué un seul jour; quand ce hardi génie, qui avait eu foi en lui, s'est vu solitaire en face de sa grande entreprise échouée, ah! c'est comme une menace, une menace vengeresse, qu'il a dit à l'Europe, qui avait détruit son œuvre : « Tu seras républicaine ou cosaque! » (Applaudissements sur les bancs de la majorité.)

Ne vous y trompez pas ; le mot de Napoléon c'est la malédiction d'un grand cœur étonné et contristé de sa chute ; cela n'a pas d'autre sens. (Mouvement.)

Nous avons l'histoire ; elle nous a transmis les exclamations testamentaires des deux hommes qui ont agi le plus puissamment sur le temps dans lequel nous avons vécu, Napoléon et Mirabeau.

Mirabeau, qu'on citait hier, cet immense tribun, cet homme qui avait tant ébranlé le pouvoir et les bases de la société française, et qui a épuisé les dernières forces de sa vie pour essayer de relever et de rétablir les ruines qu'il avait faites...

A droite.— C'est cela !

M. BERRYER...Quand ce géant s'est vu brisé sous ses ruines et sous ses labeurs, qu'a-t-il fait ? Il a poussé un cri de désespoir : « J'emporte le deuil de la monarchie; les factieux s'en disputeront les lambeaux ! »

Oui, tous deux, Napoléon, Mirabeau, ces grands génies qui ont eu la témérité, la superbe témérité d'oser vouloir disposer et de tout un siècle et de tout un grand peuple, d'en disposer de par le droit seul du génie, ils se sont sentis affaissés sous le poids de cette responsabilité et tous deux se sont dit : « L'autorité ! l'autorité ! elle est brisée. Là où l'autorité est brisée il n'y a plus de société, les factions s'en partageront les lambeaux ! » Voilà les paroles de tous deux (Bravos et applaudissements prolongés sur les bancs de la majorité.— Agitation marquée).

M. LE PRÉSIDENT. C'est du Mirabeau !

M. BERRYER. Messieurs, je veux terminer; mes forces me trahissent; nous nous retrouverons dans le cours de la discussion. Il y a bien d'autres objections, eh ! mon Dieu ! auxquelles vous attachez plus d'importance, précisément parce que ce sont celles que j'ai omises : elles pourront venir dans le débat.

Qu'il me soit permis de terminer en rentrant un moment dans la question que l'Assemblée doit débattre.

Nous avons eu tous les deux plus qu'aucun autre, M. Michel (de Bourges) et moi, le tort de nous écarter peut-être trop de la question même. (Non ! non ! Parlez !)

Messieurs, pour me résumer en peu de mots, je viens dire à mon pays ma pensée tout entière. (Marques d'attention.)

Je sais que des hommes qui ont mes sentiments n'ont pas mes pensées sur la révision ; je sais que des hommes qui ne sont pas depuis longtemps mes amis politiques, mais avec lesquels, dans l'intérêt de cette malheureuse France, je désire, du fond de mes entrailles, pouvoir être intimement uni ; je sais que ces hommes ne partagent pas ma pensée, ma conviction sur la nécessité de voter la révision de la constitution. (Redoublement d'attention.)

Mon esprit est peut-être trop effrayé et de la situation que la constitution prépare à 1852, et de l'immense danger d'une réélection présidentielle faite en dehors de la constitution. Mais supposez que, dans sa lassitude, dans ses illusions, s'il en a encore, le peuple, alors qu'il s'agira de prendre un chef d'État, excité, par le retentissement, sous les chaumières, de ce nom de Bonaparte, supposez, dis-je, que le peuple, malgré la constitution qui limite la durée des pouvoirs présidentiels, veuille appeler encore, par des millions de voix, à la présidence de la France Louis-Napoléon Bonaparte, eh bien, je dis, messieurs que tout est perdu ! (Mouvement. — Sourires et légères rumeurs à gauche.

Non, écoutez-moi, je ne l'attaque pas ; je n'ai pas voté pour lui, mais je maintiens qu'il a rendu un grand service en se plaçant à la tête du parti de l'ordre. Peut-être en aurait-il rendu d'immenses, et trouverait-il d'autres sentiments dans les cœurs qui sentent et réfléchissent en France, s'il avait consenti à prendre pour guide la majorité, au lieu de songer à s'en faire un instrument !

Quoi qu'il en soit, si un aveuglement, si un vote de découragement, si le besoin d'une transaction commode, en apparence facile, fait réélire inconstitutionnellement le président actuel de la République, voilà un homme, par le suffrage direct, par des millions de suffrages, proclamé, placé au-dessus de la constitution, au-dessus des lois. Or, je maintiens qu'il faudrait qu'il fût supérieur à l'humanité, si, dans cette situation, ainsi perpétué malgré la loi du pays, il ne s'imaginait pas qu'il était dans son droit, de par les millions de voix qui l'auraient élu, de briser tous les obstacles, de renverser constitution et Assemblée, la nation l'ayant placé au-dessus de tous dans son individualité.

Voix nombreuses à gauche. Nous résisterions !

M. BERRYER. Vous résisteriez ! je n'en doute pas ; vous résisteriez ici, dans cette chambre, pendant la semaine d'existence que vous auriez encore après cette réélection inconstitutionnelle : vous résisteriez, vous soutiendriez la lutte, et quelle lutte?... Nous ne voulons pas de guerre civile en France ; mais en est-il une occasion plus redoutable : le parti du parlement ! le parti du Président ! Vous perpétueriez-vous? vous prolongeriez-vous pour soutenir cette lutte ? vous feriez-vous long parlement? En auriez-vous...... Oui, vous en auriez l'énergie, parce que vous êtes patriotes; mais vous violeriez donc aussi vous-mêmes la constitution? Ainsi, de toutes parts, par la nation, par l'Assemblée, pour soutenir une lutte engagée en l'honneur de la constitution, la constitution serait violée et le déchirement serait au sein des pouvoirs et du pays.

Eh bien ! oui, je redoute cette situation; c'est en vue de cette situation que je demande que mon pays, bien avisé sur de tels dangers, envoie une assemblée de révision; que la réunion de cette assemblée devance l'époque où pourrait rait être commis le crime anti-national de la perpétuité inconstitutionnelle des pouvoirs du Président. Oui, la France a deux dangers contre lesquels , dans ma pensée, elle doit se prémunir, et je n'ai vu que la convocation d'une assemblée de révision , avant cette époque redoutable, qui pût l'en prémunir.

Réélection , prorogation , sont deux dangers égaux ; introduisez dans votre constitution telle qu'elle est , un semblant de monarchie .. un semblant d'autorité personnelle ; perpétuez, prolongez sous une forme quelconque, légale ou extralégale, ces pouvoirs d'un président de la République dans les conditions où est le Président actuel, vous prolongez le déchirement, la lutte , les malheurs; vous prolongez les calamités.

Que mon pays m'entende , je ne crois pas , je n'espère pas que la majorité pour la révision soit la majorité constitutionnelle ; je crois que la révision , que je veux voter , n'aura qu'une majorité numérique dans l'Assemblée ; mais je supplie mes concitoyens , je supplie les membres de la majorité d'accepter alors leur défaite , de respecter et de maintenir la constitution, tant qu'elle ne sera pas régulièrement révisée. Armons-nous de la légalité dans des temps qui sont bien difficiles. Si la convocation d'une assemblée de révision , d'une assemblée ayant tous les pouvoirs de la nation , d'une assemblée supérieure à toute personne et à toute autre assemblée , si cette convocation n'a pas lieu, soumettons-nous, attachons-nous à la légalité.

Une loi telle quelle, une loi mauvaise, mais une loi dominant le pays vaut mieux que de n'avoir aucune loi. Ne laissons pas briser la loi qui existe; si la révision n'a pas lieu, c'est la seule force qui nous reste, et je conjure mes concitoyens de l'employer avec ardeur.

Messieurs de la majorité, mes vieux amis politiques, je vous en conjure, unissons-nous étroitement dans cette pensée, dans cette résolution de faire respecter la légalité.

Permettez-moi un dernier mot, c'est un souvenir de ce que j'ai entendu hier, de ce que j'ai entendu aujourd'hui, qui saisit ma pensée en ce moment.

Ah! mes amis, messieurs de la majorité, comprenez bien, écoutez, reconnaissez les voix qui nous entretiennent de nos dissensions passées, qui aigrissent nos ressentiments, qui approfondissent nos divisions, reconnaissez ces voix, comprenez-les, que ce vous soit un grand avertissement; unissons-nous de plus en plus; majorité, tous de la majorité, soyez inséparables en face des dangers et de la sédition et de l'ambition; soyez inséparables dans l'ordre légal, rappelez-vous comment nous avons traversé les mauvais jours; que ce souvenir douloureux soit une leçon immense, une leçon toute puissante pour nous rendre forts en face des périls qui s'avancent. (Applaudissemens prolongés à droite.)

L'orateur, en descendant de la tribune, est entouré par un grand nombre de représentans qui le félicitent avec effusion et enthousiasme.

La séance est levée à six heures.